alliteraverlag

Unter der Adresse Arcisstraße 12 wurden einige wichtige Kapitel der Münchner Geschichte geschrieben. Die Umgebung des Königsplatzes war im 19. Jahrhundert eine attraktive Wohngegend, in der wohlhabende Künstler wie Richard Wagner, Franz von Lenbach oder Paul Heyse residierten. 1890 bezog der Mathematiker und bedeutende Kunstsammler Alfred Pringsheim mit seiner Familie eine Neo-Renaissance-Villa mit der Anschrift Arcisstraße 12 (heute am südlichen Ende des Gebäudes Meiserstraße 10). In die Geistesgeschichte ist Pringsheim vor allem als Schwiegervater Thomas Manns eingegangen.

Die Nationalsozialisten sahen im klassizistischen Rahmen des Königsplatzes einen geeigneten Standort für ihre Selbstinszenierung. Im September 1937 wurden zwei neu errichtete zentrale Parteigebäude an der Kreuzung Arcisstraße/Brienner Straße eingeweiht, das südliche für die Verwaltung, das nördliche als so genannter »Führerbau« für Hitler und seinen Stab – es bekam die Anschrift Arcisstraße 12.

Ab Mai 1945 war ein Central Art Collecting Point in der Arcisstraße 12 untergebracht, dessen Aufgabe in der Rückführung geraubter und enteigneter Kunstwerke an die ursprünglichen Eigentümer bestand. Von 1948 bis 1957 befand sich in der Arcisstraße 12 das Amerika Haus, seit 1957 ist das Gebäude Sitz der Hochschule für Musik und Theater München.

Alexander Krause recherchiert in diesem Bändchen mit zahlreichen Abbildungen die wechselvolle Geschichte der Adresse Arcisstraße 12 – nicht nur ein Stück Münchner Kultur- und Geistesgeschichte, sondern auch ein trauriges Kapitel der Weltgeschichte. Der Jurist ist Kanzler der Hochschule für Musik und Theater München.

Alexander Krause

Arcisstraße 12

Palais Pringsheim – Führerbau – Amerika Haus –
Hochschule für Musik und Theater

allitera verlag

Ein Sonderdruck dieses Buches erschien zum 50. Geburtstag des Rektors der Hochschule für Musik und Theater München, Prof. Dr. Siegfried Mauser, am 3. November 2004.

Weitere Informationen über den Verlag und sein Programm unter:
www.allitera.de

Bibliographische Information der Deutschen Bibliothek

Die Deutsche Bibliothek verzeichnet diese Publikation in der Deutschen Nationalbibliographie; detaillierte bibliographische Daten sind im Internet über <http://dnb.ddb.de> abrufbar.

Mai 2005
Allitera Verlag
Ein Books on Demand-Verlag der Buch&media GmbH, München

Umschlaggestaltung: Kay Fretwurst, Freienbrink
Herstellung: Books on Demand GmbH, Norderstedt
Printed in Germany · ISBN 3-86520-094-X

Inhalt

Nie hätte ich jemals geglaubt, dass ich noch einmal an die Adresse Arcisstraße 12 einen Brief richten würde. Es war an die fünfzig Jahre lang die Adresse meiner Großeltern.

1984 hatte Diethardt Hellmann, der damalige Präsident der Hochschule für Musik in München, den Historiker Golo Mann eingeladen, die Festrede der kommenden Immatrikulationsfeier zu halten. Golo Mann musste absagen. Sein freundlicher Brief endete mit oben zitiertem Postskriptum, das – zwanzig Jahre später – den Anlass gab, der Geschichte der Adresse Arcisstraße 12 nachzugehen. Im Folgenden wird gezeigt, dass unter dieser Anschrift wichtige Kapitel der Münchener Geschichte des vergangenen Jahrhunderts geschrieben wurden.

Die Maxvorstadt

Die Arcisstraße im Münchener Stadtteil Maxvorstadt verläuft in Nord-Südrichtung. Ursprünglich begann sie am Alten Botanischen Garten, bis der südlichste Teil zwischen Sophienstraße und Brienner Straße 1957 Hans Meiser[1] zu Ehren umbenannt wurde. Heute führt die Arcisstraße von der Kreuzung Königsplatz/Brienner Straße zum Elisabethplatz. Der Name »Arcis« erinnert an die Ortschaft Arcis-sur-Aube, etwa 140 km östlich von Paris. Arcis – übrigens Geburtsort von Georges Jacques Danton (1759–1794), dem Justizminister der Französischen Revolution – war Schauplatz einer der Schlachten, in denen 1814 das Napoleonische Heer mit bayerischer Beteiligung geschlagen wurde. Auch bei den Orten Brienne-le-Château und Bar-sur-Aube fanden Schlachten statt. Die Orte standen Pate für die Brienner Straße und die Barer Straße. Mitte des 19. Jahrhunderts erinnerte man sich gerne an diese Siege, obwohl Bayern sein Königtum eben diesem Napoleon verdankte. Kurioser Weise führt die Brienner Straße geradewegs durch den Karolinenplatz, auf dem ein Obelisk an die 30000 bayerischen Soldaten erinnert, die 1812 im Russlandfeldzug an der Seite Napoleons umkamen.

Die Maxvorstadt entstand als erste Stadterweiterung außerhalb der barocken Mauern. Das städtebauliche Konzept des neuen Stadtteils, der nordwestlich der alten Befestigung lag, wurde von 1808 an nach dem Entwurf des Hofgartenintendanten Friedrich Ludwig von Sckell entwickelt. Mit der Ausführung war der Architekt Carl von Fischer beauftragt. Sckell und Fischer agierten gemeinsam mit Nikolaus Schedel von Greifenstein ab 1809 als Vorstand der Stadtplanungskommission in München, die dem Innenministerium unterstellt war. Da der Namenspatron König Max I. Joseph nur wenig Initiative zeigte, schaltete sich der

[1] 1881–1956, Landesbischof der Evang.-Lutherischen Landeskirche in Bayern

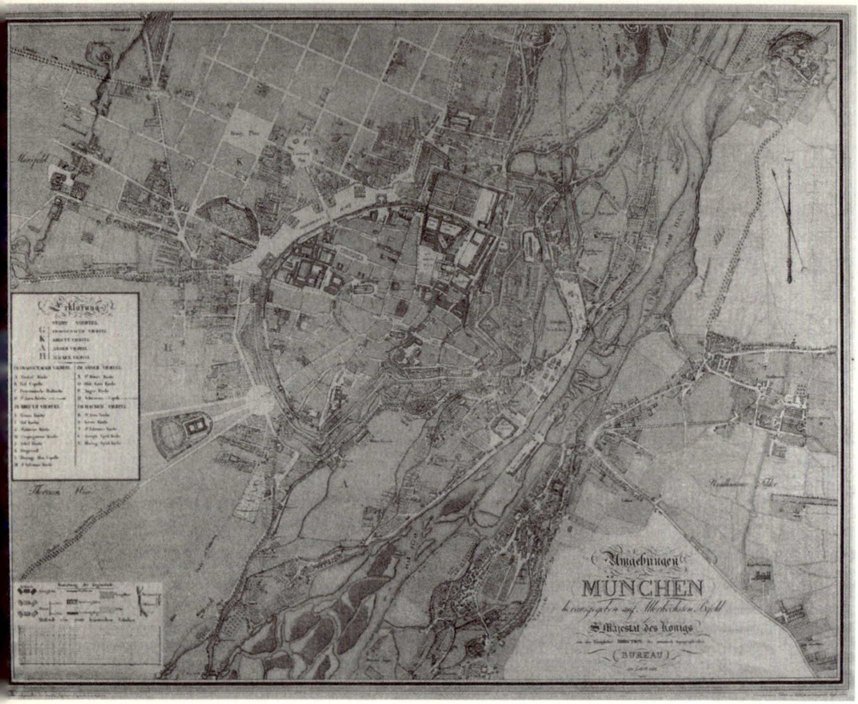

Offizielle Stadtkarte Münchens von Carl Schleich aus dem Jahre 1812. Nordwestlich der Altstadt entsteht die Maxvorstadt.

kunst- und architekturinteressierte Kronprinz Ludwig 1812 in die Planungen ein. Im März 1816 wurde der klassizistische Architekt Leo von Klenze in die Stadtplanungskommission berufen. Nachdem Klenze im September 1818 die Leitung des gesamten Bauwesens in Bayern übertragen worden war, fiel auch die Stadtplanung in München in seine Zuständigkeit.

Die damaligen Grenzen der Maxvorstadt bildeten im Osten die nach Kronprinz Ludwig benannte Ludwigstraße[2], im Norden die Adalbertstraße[3], im Westen der Straßenzug Maillinger-/Lothstraße und im Süden die Arnulfstraße. Die Stadtplanung mit weit-

2 Heute umfasst der Stadtbezirk Maxvorstadt auch die Schönfeld-Vorstadt zwischen Ludwigstraße und Königinstraße.

3 Heute bildet die Georgenstraße die nördliche Grenze des Bezirks.

gehend im rechten Winkel angeordneten Straßenzügen bot Grundstücke für den dringend erforderlichen Wohnraum, berücksichtigte aber auch freie Plätze, z.B. für den Nördlichen Friedhof, die Alte[4] und die Neue[5] Pinakothek, eine Kaserne[6] und den Königsplatz. Dort ließ Ludwig noch als Kronprinz ab 1816 aus seinen privaten Mitteln die Glyptothek errichten. Das nach griechischen Vorbildern von Fischer und Klenze geplante Ausstellungsgebäude für Ludwigs Sammlung antiker Plastiken wurde 1830 fertig gestellt. 1838–1845 kam auf der gegenüber liegenden Seite ein von Georg Friedrich Ziebland entworfenes Kunst- und Industrieausstellungsgebäude hinzu, in dem heute die Staatliche Antikensammlung untergebracht ist. Erst 1862 wurde der Platz mit der Errichtung der Propyläen durch Klenze vollendet.

Die Umgebung des Königsplatzes war seit der Mitte des 19. Jahrhunderts eine attraktive Wohngegend. Wer wohlhabend war und stadtnah wohnen wollte, fand hier großzügige Grundstücke. In unmittelbarer Nähe des Platzes residierten Moritz von Schwind[7], Richard Wagner[8], Franz von Lenbach[9], Paul von Heyse[10], Rainer Maria Rilke[11], Karl Theodor von Piloty[12] und Adolf Friedrich Graf von Schack[13]. Das südliche Eckgrundstück an der Kreuzung Brienner Straße/Arcisstraße schenkte König Max I. Joseph 1809

[4] 1826–1836 durch Leo von Klenze

[5] 1846–1853 von August von Voit

[6] Auf dem Grundstück der heutigen Pinakothek der Moderne befand sich die Türkenkaserne, in der das Kgl. Bayerische Infanterie-Leibregiment untergebracht war. Thomas Mann rückte hier am 1. Oktober 1900 ein, wurde aber bereits zum 31. Dezember 1900 wieder entlassen (vgl. hierzu näher: Dirk Heißerer, Das Bild des Soldaten bei Thomas Mann, S. 5ff.).

[7] Brienner Straße, direkt hinter dem Lenbach-Haus

[8] gegenüber der Mündung der heutigen Richard-Wagner-Str. in die Brienner Straße (heute Brienner Straße 21)

[9] Luisenstr. 33/35

[10] an der Luisenstr. 47 (heute Nr. 22) direkt hinter der Glyptothek. Der Literaturnobelpreisträger von 1910 lebte nach dem Umbau durch Gottfried von Neureuther in diesem Haus (Bj. 1830) von 1873–1914.

[11] Brienner Str. 48

[12] Das Atelier Pilotys war mit der Schackgalerie verbunden.

[13] In direkter westlicher Nachbarschaft zu Richard Wagner, Brienner Straße 19–22

Der begrünte Königsplatz um 1930 inmitten großzügiger Villengrundstücke vor den massiven Eingriffen der Nationalsozialisten.

dem Architekten Carl von Fischer[14], der darauf ein Palais mit quadratischer Grundfläche baute. Auf dem nördlichen Eckgrundstück ließ 1832 der Maler Julius Schnorr von Carolsfeld[15], Vater des Sängers Ludwig Schnorr von Carolsfeld – und dieser seinerseits ein Patensohn Ludwigs I. – sein Haus im Stil des südlichen Pendants errichten. Die Behörden hatten auf dem äußerlich identischen Erscheinungsbild bestanden. Diese beiden Palais bildeten bis 1934 einen architektonischen Abschluss des Königsplatzes nach Osten und zugleich einen bürgerlichen Kontrast zum monumentalen Torbau der Propyläen auf der gegenüber liegenden Seite des Königsplatzes. Sie durften deshalb im denkmalschutzrechtlichen Sinne in ihrer Substanz nicht verändert werden. Gegen diese Auflagen konnten sich die Nationalsozialisten erst nach der Machtergreifung durchsetzen. Die Palais überragten die umliegenden Gebäude um ein Stockwerk. Die dem Königsplatz zugewandten Westseiten der Häuser waren ganz an die Grundstücksgrenzen gerückt, während zur Brienner Straße hin jeweils ein Abstand von rund 7 m gewahrt blieb.

Die Adresse Arcisstraße 12 befand sich nicht immer an der heutigen Stelle. 1849/51 bezog sich diese Anschrift auf ein Anwesen, das an der südöstlichen Ecke des »Alten Nördlichen Friedhofs« gelegen war. Bewohnt wurde das Gebäude von »W. Himmelstoss, Taglöhner«[16].

[14] Brienner Str. 16 (lt. Wenng-Atlas von 1849/51: Nr. 20; südl. Eckgrundstück); vgl. hierzu und im Folgenden Enno Burmeister, Das Palais Carl von Fischer in München

[15] Brienner Str. 44 (nördl. Eckgrundstück)

[16] vgl. Wenng-Atlas, a.a.O. n

Auf dem heutigen Grundstück Arcisstraße 12 befand sich 1849 ein Stadtpalais des »sard. Ministers Marchese de Pallavicini«[17]. Diesem gehörte 1849 auch das Palais Barlow, das spätere »Braune Haus«[18].

Das Palais Barlow, seit 1930 »Braunes Haus«

[17] In der Schönheiten-Galerie Ludwigs I. in Schloss Nymphenburg hängt ein Portrait von Irene Marchesa Pallavicini, verh. Gräfin von Arco-Steppberg, geb. 3.9.1811 in All-gyo, Ungarn. Sie war die Tochter von Marchese Eduard de Pallavicini und Josephine, geb. Gräfin Hardegg-Glatz, Palastdame am bayerischen Hof. Inwiefern hier Beziehungen bestehen, war bislang nicht in Erfahrung zu bringen

[18] vgl. Wenng-Atlas, a.a.O.

Die Familie Pringsheim[19]

1889 zog Familie Pringsheim von ihrem Wohnsitz in der Sophienstraße 6 – in unmittelbarer Nachbarschaft von Annette Kolb und deren Familie in der Sophienstraße 7 – in eine Neo-Renaissance-Villa in der Arcisstraße auf Höhe des südlichen Endes des heutigen Gebäudes Meiserstraße 10. Das Grundstück erhielt zu diesem Zeitpunkt die Hausnummer 12, nachdem es bisher die Nummer 31 getragen hatte. Das vom Berliner Büro Kayser & von Großheim geplante Haus, dessen Inneneinrichtung von Joh. Wachter und Hofmöbelfabrikant O. Fritsche in München stammte, war mit Türmchen und Erkern verziert, die Ziegelfassade im südlichen Teil zurückgesetzt. Die Breite des Hauses betrug 24,20 m, die maximale Tiefe 25,48 m. Neuartig waren eine Zentralheizung und elektrisches Licht, für das ein eigenes kleines Maschinenhaus im Garten errichtet wurde[20].

Das Palais Pringsheim hatte die Adresse Arcisstraße 12 von 1889 bis 1933. In dem gastlichen Haus von Alfred und Hedwig Pringsheim konnte man laut Bruno Walter »an großen Abenden ganz München treffen«.

Alfred Pringsheim, geboren am 2. September 1850 in Ohlau/Schlesien, entstammte einer jüdischen Fa-

[19] Die folgenden Angaben sind – soweit nicht anders angegeben – Peter de Mendelssohn, Der Zauberer, und Hanno-Walter Kruft, Alfred Pringsheim, Hans Thoma, Thomas Mann, entnommen.

[20] vgl. Hermann Ebers, Erinnerungen

milie[21]. Sein Vater Rudolf Pringsheim (1821–1901) hatte als Eisenbahnunternehmer und Kohlegrubenbesitzer in Oberschlesien ein großes Vermögen angesammelt und sich in Berlin niedergelassen. Der Sohn studierte in Heidelberg Mathematik, muss aber zunächst zwischen der Musik und der Mathematik geschwankt haben. Er selbst gab in einem 1915 verfassten *Lebensabriß*[22] an, er habe sich seit seiner Jugend sehr ernstlich mit Musik und späterhin auch mit kunstwissenschaftlichen Dingen beschäftigt. Man kenne ihn in musikalischen Kreisen als langjährigen und eifrigen Vorkämpfer Richard Wagners, den er als Student kennen gelernt habe. Mehrmals sei er in Wagners Villa in Bayreuth zu Gast gewesen. Pringsheim bearbeitete verschiedene Kompositionen Wagners für Klavier und kammermusikalische Besetzungen[23] und erwarb den ersten sog. »Patronatsschein« für den Bau des Bayreuther Festspielhauses. Seinen Vater überzeugte er, einen weiteren zu kaufen. 1873 veröffentlichte er eine Streitschrift zugunsten Richard Wagners[24], in der er sich u.a. für die dichterischen Qualitäten des Komponisten ein-

Alfred und Hedwig Pringsheim

21 Im polizeilichen Meldebogen, angelegt am 22.5.1919, wird als Glaubensbekenntnis »confessionslos« angegeben. Das Glaubensbekenntnis seiner Ehefrau und seiner Kinder ist »prot.«. Bei Hedwig Pringsheim wurde unter dem Datum 3.11.1924 handschriftlich ergänzt: »Hat am 3.11.24 den Austritt aus der evangelischen Kirche erklärt«. Handschriftlich wurde später »Jude« bzw. »Jüdin« mit dickem Stift hinzugefügt.

22 zitiert nach Albert von Schirnding, Thomas Mann, seine Schwiegereltern Pringsheim und Richard Wagner, in: Themengewebe – Thomas Mann und die Musik, S. 11.

23 *Seefahrt aus Tristan und Isolde* für Klavier, Violine und Cello (Breitkopf & Härtel); *Siegfried und der Waldvogel* für Klavier, 2 Violinen, Viola und Cello (Schott); mehrere Adaptionen Wagner'scher Musik für Klavier zu vier Händen

24 Alfred Pringsheim, Richard Wagner und sein neuester Freund. Eine Erwiderung auf Herrn Dr. Gotthelf Häblers »Freundesworte«, Leipzig 1873

setzte. Wagners Briefe hütete er bis zum Lebensende als kostbaren Schatz. Seine Tochter Katia berichtet sogar von einer Handgreiflichkeit: 1876 habe sich in einem Bayreuther Gasthof ein Herr von Kaufmann abschätzig über Wagner geäußert, weshalb Pringsheim diesem ein Bierglas auf den Kopf geschlagen habe. Pringsheim sei daraufhin zu einem Pistolenduell aufgefordert worden, das unblutig ausging. Ihm sei allerdings der Spitzname »Schoppenhauer« verblieben[25]. Wagners sollen über die Geschichte entsetzt gewesen sein, wollten sie doch jeden Skandal vermeiden. Ob das Verhältnis zwischen Wagner und Pringsheim wegen dieses Vorfalls, wegen eines von Wagner veranlassten, heftig gegen Bismarck polemisierenden Zeitungsartikels oder wegen einer in Pringsheims Gegenwart geäußerten antisemitischen Bemerkung Wagners abkühlte, ist nicht ganz klar. Pringsheim blieb jedoch ein lebenslanger Verehrer der Musik Wagners und besuchte weiter regelmäßig die Bayreuther Festspiele, wo er 1882, im Jahr vor Wagners Tod, die Uraufführung des *Parsifal* erlebte.

1877 habilitierte sich Pringsheim an der Universität München, an der er bis zu seiner Emeritierung im Jahre 1922 lehrte[26]. 1894 wurde er zum Mitglied der Bayerischen Akademie der Wissenschaften gewählt. In zahlreichen Veröffentlichungen beschäftigte er sich mit mathematischen Problemen, vor allem mit der Funktionenlehre[27]. Pringsheim soll ein hervorragender Lehrer und sehr witzig, geistreich und lebenslustig gewesen sein[28].

1878 heiratete er Hedwig Dohm (geb. 13.7.1855 in Berlin), die Tochter des Chefredakteurs der Zeitschrift *Kladderadatsch* Ernst Dohm (1819–1883) und der engagierten Frauenrechtlerin Hedwig Dohm, geb. Jülich (1831–1919). Hedwig Dohm die Jün-

[25] Katia Mann, Meine ungeschriebenen Memoiren, S. 14f.

[26] Am 28.1.1901 erhielt er per Dekret des Prinzregenten Luitpold Titel, Rang und Rechte eines ordentlichen Professors.

[27] vgl. hierzu Roland Burlisch, Alfred Pringsheim der Mathematiker, in: Kruft, a.a.O., S. 25ff.

[28] vgl. Oskar Perron, »Alfred Pringsheim«, in: Jahrbuch der Bayerischen Akademie der Wissenschaften, und Hans-Rudolf Wiedemann, Thomas Manns Schwiegermutter erzählt, S. 36 (7.9.18): »gesund, frisch und immer verliebt. So Männer haben's gut. Die dürfen ja immer.«; S. 40 (10.2.21): »ein recht munteres Greislein, dem man seine im Sommer vollendeten 70 warlich (sic!) nicht anmerkt.«

gere stand am Beginn einer Karriere als Schauspielerin, die sie aber nach ihrer Hochzeit nicht weiter verfolgte.

Alfred und Hedwig Pringsheim hatten fünf Kinder: Erik (1879–1909), Peter[29] (1881–1963), Heinz (1882–1974), Klaus (1883–1972) und Katharina, »Katia« (1883–1980).

Das Haus Pringsheim wurde zu einem wichtigen gesellschaftlichen und kulturellen Treffpunkt im München der Jahrhundertwende[30], der Zeit, in der Thomas Manns Novelle *Gladius Dei* zufolge »München leuchtete«. Gäste des Hauses waren zahlreiche Künstler der Zeit, u.a. auch Thomas Mann, der am 11. Februar 1905 Pringsheims Tochter Katia heiratete. Sie erzählt später in ihren *Ungeschriebenen Memoiren*:

»Meine Eltern ... hatten ein ganz angesehenes und vielfältig besuchtes Haus und gaben große Gesellschaften. Durch den Beruf meines Vaters und seine persönlichen Neigungen war es ein wissenschaftliches Haus mit musikalischen Interessen. Zur Literatur hatte er kein sehr lebhaftes Verhältnis, im Gegensatz zu meiner Mutter. Es kamen sehr viele Leute in die Arcisstraße, auch Literaten, besonders aber Musiker und Maler. Richard Strauss kam zu uns und Schillings, es kamen Fritz August Kaulbach, Lenbach, Stuck und viele andere aus Münchens gesellschaftlich-künstlerischen Kreisen.«[31]

An anderer Stelle beschreibt sie Begegnungen mit Annette Kolb

[29] Peter und Heinz besuchten ab 1890 das Münchner Maxgymnasium, bis Alfred Pringsheim sich während des Schuljahres 1895/96 mit dem Schulleiter Nikolaus Wecklein überwarf und die Söhne auf das Wilhelmsgymnasium wechselten. Weckleins Tochter Anna heiratete 1899 den von 1894–97 als »Assistent« an der Schule tätigen August Heisenberg. Deren gemeinsamer Sohn Werner Heisenberg, der von 1911–20 ebenfalls das Maxgymnasium besuchte, erhielt 1932 den Nobelpreis für Physik. Seine Tochter Christine heiratete 1966 Frido Mann, den Enkel Thomas Manns. Auch Thomas Manns Bruder Viktor besuchte von 1901–04 mit einer Unterbrechung das Maxgymnasium. Der als »Blutzeuge« des 9.11.1923 (Näheres z.B. bei David C. Large, Hitlers München, S. 241) in einem der beiden Ehrentempel präsentierte Theodor von der Pfordten absolvierte das Abitur 1892 am Maxgymnasium und war anschließend sogar Stipendiat des Maximilianeums (vgl. Festschrift des Maxgymnasiums zur 125 Jahrfeier 1974).

[30] vgl. Wiedemann, a.a.O., S. 13

[31] Katia Mann, a.a.O, S. 14f.

und Paul Heyse in ihrem Elternhaus[32]. Auch Hugo von Hofmannsthal, Björnstjerne Björnson[33], Gustav Mahler und Bruno Walter zählten zu den Gästen. Letzterer schreibt in seinen Erinnerungen: »In dem gastlichen Haus in der Arcisstraße konnte man an großen Abenden ›ganz München‹ treffen.«[34]

Alfred Pringsheim war ein wohlhabender Mann. 1914 steht er in einem *Jahrbuch des Vermögens und Einkommens der Millionäre in Bayern*[35] mit 13 Millionen Mark immerhin an 33. Stelle. Als Jahreseinkommen sind 800 000 Mark angegeben. Ein Universitäts-Professor verdiente damals zwischen 5000 und 10 000 Mark p.a. Als grober Multiplikator zu den heutigen Wert- und Währungsverhältnissen in € wäre ein Faktor von etwa 10 anzusetzen. Dieses Vermögen ermöglichte Alfred Pringsheim den Aufbau mehrerer Kunstsammlungen. Neben einer Fülle bedeutender Renaissance-Bronzeplastiken, Emaille-, Silber- und Goldschmiedearbeiten, Gobelins und Gemälden trug er eine Majolika-Sammlung zusammen, die zu den weltweit bedeutendsten gehört haben soll[36]. Klaus Mann schrieb später über die Sammlung des »Ofey« in der »Arcissi«:

»Wenn ich versuche, mir das erste Esszimmer vorzustellen, wo ich in der Gesellschaft der Erwachsenen aufrecht bei Tische sitzen durfte, so ist es der große Speisesaal des Pringsheimschen Hauses, der mir in den Sinn kommt – reich geschmückt mit Gobelins, schönem Silbergerät und den langen Reihen von Ofeys schillernden Majolikas. Unsere ganze Kindheit hindurch bedeutete uns

32 a.a.O., S. 17

33 Der norwegische Schriftsteller erhielt 1903 den Nobelpreis für Literatur.

34 Bruno Walter, Thema und Variationen, S. 310

35 Rudolf Martin, Berlin 1914, S. 6; vgl. Horst Fuhrmann, Vom Reichtum des A. P., in: Kruft, a.a.O., S. 3ff.

36 vgl. Jörg Rasmussen: »Die Majolikasammlung Alfred Pringsheim in den Schriften Thomas Manns«, in: Jahrbuch des Museums für Kunst und Gewerbe Hamburg, Bd. 2, 1983, S. 111; Lorenz Seelig, Die Münchner Sammlung Alfred Pringsheim – Versteigerung, Beschlagnahmung, Restitution, in: »München arisiert«, Veröffentlichung der Koordinierungsstelle für Kulturgutverluste, Bd. 3 (im Druck) und Katharina Hantschmann, Die Majolikasammlung des Bayer. Nationalmuseums und die Sammlung Pringsheim, in: Silvia Glaser (Hrsg.), Italienische Fayencen der Renaissance, Nürnberg 2004, S. 21 ff.

diese Sammlung den Inbegriff von kostbarer Zerbrechlichkeit. Denn man hatte uns eingeschärft, dass jeder dieser bunten Teller, Schalen und Krüge ein Vermögen wert sei: Ein Kind, das einen solchen Wunderteller berühren oder gar zerbrechen sollte, machte sich eines unverzeihlichen Verbrechens, einer wahren Todsünde schuldig, es wäre noch schlimmer als Mord. ... Sie waren charmante Leute, unsere Großeltern, solange man ihre Kostbarkeiten in Ruhe ließ und sich überhaupt hübsch artig bei ihnen aufführte.«[37]

Der große Speisesaal des Palais Pringsheim – »reich geschmückt mit Gobelins, schönem Silbergerät und den langen Reihen von Ofeys schillernden Majolikas« (Klaus Mann).

Doch nicht nur die Sammlungen sind erwähnenswert: Im Erdgeschoss des Anwesens befand sich ein großer Musik- und Tanzsaal, für den Alfred Pringsheim 1891 vom Maler Hans Thoma einen 20,25 m langen »unsäglich schönen Fries«[38] schaffen ließ, »eine paradiesische Landschaft, in der sich glückliche Menschen in zeitlosen Gewändern oder

Musik- und Tanzsaal mit dem Fries von Hans Thoma und dem Bärenfell aus Thomas Manns »Wälsungenblut«.

[37] Klaus Mann, Wendepunkt, S. 43f.

[38] Thomas Mann in einem Brief an den Bruder Heinrich vom 27.2.1904 in: Hans Wysling (Hrsg.): Thomas Mann – Heinrich Mann, Briefwechsel 1900–1949, Frankfurt a. M. 1984

freier Nacktheit bewegten zwischen weidenden Tieren unter blühenden oder fruchtbeladenen Bäumen.«[39] Die Wahl dieses Malers, Vertreter einer deutsch-nationalen Kunst, unterstreicht die patriotische Haltung Alfred Pringsheims, für das wohlhabende deutsche Judentum der Gründerzeit nicht außergewöhnlich[40]. Der Musiksaal hatte eine Größe von etwa 65 qm. Durch eine Verbindungstür zur Bibliothek konnten die beiden Räume miteinander verbunden werden. Das ebenfalls etwa 65 qm große Speisezimmer auf der gegenüberliegenden Seite der Diele schilderte Thomas Mann in seiner Erzählung *Wälsungenblut*:

»In dem ungeheuren, mit Teppichen belegten und rings mit einer Boiserie aus dem achtzehnten Jahrhundert bekleideten Speisesaal, von dessen Decke drei elektrische Lüster hingen, verlor sich der Familientisch mit den sieben Personen ... Gobelins mit Schäfer-Idyllen, die wie die Täfelung vorzeiten ein französisches Schloß geschmückt hatten, bedeckten den oberen Teil der Wände. ... Eine Winde, die ins Büfett mündete, trug [erg.: die Speisen] geräuschlos aus der Küche herab.«[41]

Kinderkarneval *von Friedrich August Kaulbach. Das 1888 entstandene Bild zeigt links Katia Pringsheim, die spätere Frau Thomas Manns.*

Im Wohnzimmer hing das Gemälde *Kinderkarneval* von Friedrich August Kaulbach[42], das die fünf Pringsheim-Kinder in Pierrot-Kostümen zeigte. Das 1888 entstandene Bild ist vielfach reproduziert worden. Thomas Mann soll 1889 in seinem Jugendzimmer in Lübeck einen Druck des Bildes über seinem Schreibpult aufgehängt haben[43].

Die Kinder der Prings-

[39] Hermann Ebers, Begegnungen (in Vorbereitung)

[40] hierzu Rasmussen, a.a.O., S. 113 und Kruft, a.a.O., S. 11

[41] Thomas Mann, *Wälsungenblut*, S. 291

[42] Neffe von Wilhelm Kaulbach

[43] Katia Mann, a.a.O., S. 21f.

heims waren den finanziellen Verhältnissen entsprechend großzügig untergebracht. Die vier Brüder teilten sich ein gemeinsames Schlafzimmer. Katia hatte ein eigenes Zimmer, in dem auch die »Bonne«, das Kindermädchen, schlief. Dazu kam »ein geräumiges Wohnzimmer mit Schränken und Regalen voll der herrlichsten Spielsachen, und weiterhin nach rückwärts auf den Garten schauend ein Studierzimmer mit Bücherborden, Schreibpulten für jedes Kind und einem kleinen Flügel zum Üben für die beiden jüngsten Buben, die das musikalische Talent des Vaters geerbt hatten.«[44]

Das Verhältnis zwischen Thomas Mann und seinem Schwiegervater soll trotz der gemeinsamen Verehrung für Richard Wagner kühl gewesen sein. Nach dem ersten Besuch in der Arcisstraße 12 hatte der junge Schriftsteller sich noch beeindruckt gezeigt:

»Ich bin gesellschaftlich eingeführt, bei Bernsteins[45], bei Pringsheims. Pringsheims sind ein Erlebnis, das mich ausfüllt. Tiergarten mit echter Kultur. Der Vater Universitätsprofessor mit goldener Cigarettendose, die Mutter eine Lenbach-Schönheit ... Eines Tages fand ich mich in dem italienischen Renaissance-Salon mit Gobelins, den Lenbachs, der Thürumrahmung aus giallo antico und nahm eine Einladung zum großen Hausball entgegen. ... Ich hatte Frau Justizrath Bernstein zu Tisch ... Kein Gedanke an Judenthum kommt auf, diesen Leuten gegenüber; man spürt nichts als Kultur.«[46]

[44] Ebers, Begegnungen (in Vorbereitung)

[45] Die Eheleute Elsa, geb. Porges und Max Bernstein unterhielten in ihrer Wohnung in der Brienner Str. 8a seit etwa 1890 einen literarischen Salon, in dem sie viele Münchner Prominente dieser Zeit begrüßten. Elsa Porges, die unter dem Pseudonym Ernst Rosmer zahlreiche Theaterstücke veröffentlichte, war die Tochter von Heinrich Porges, der um 1871 an der Akademie der Tonkunst unterrichtete. Zu seinen Schülern zählte Engelbert Humperdinck, der das Libretto *Die Königskinder* von Elsa Porges vertonte. Die Oper wurde 1897 in München am Hoftheater und 1910 an der Metropolitan Oper in New York aufgeführt. Am 26.6.1942 wurde Elsa Bernstein nach Theresienstadt deportiert. Sie starb am 12.7.1949 in Hamburg. Max Bernstein veröffentlichte unter den Pseudonymen Maximilian Bern und Silas Marner Anthologien, Theaterstücke und Kritiken. Er starb am 5.3.1925.

[46] Brief an den Bruder Heinrich vom 27.2.1904, a.a.O.

Porträt Katia Pringsheim von Franz von Lenbach (1892)

In Werken Thomas Manns spiegelt sich das Spannungsverhältnis zwischen sozialer Anerkennung und persönlicher Abneigung wider: Zumindest zwei Mal beschäftigte sich Thomas Mann in seinen Werken mit der Pringsheim-Familie[47]. In dem 1903 bis 1909 geschriebenen Roman *Königliche Hoheit* wird Alfred Pringsheim zum Industriellen und Glassammler Samuel Spoelmann und Katia Pringsheim zu Imma Spoelmann. Für Familie Pringsheim war der Roman mit seinen Anspielungen akzeptabel, da die Figuren trotz ironischer Distanz mit Sympathie gezeichnet sind.

Anders war es im Falle der 1905 verfassten Erzählung *Wälsungenblut,* die das Verhältnis zwischen Thomas Mann und Alfred Pringsheim dauerhaft belastete. Dürfte die hier beschriebene Aufführung der Oper *Die Walküre*[48] Pringsheim durchaus gefallen haben, war die Schilderung des Hauses und der Familie Pringsheim wenig rücksichtsvoll, was als kompromittierend und beleidigend empfunden wurde. Die verwendeten Namen und die beschriebenen Räume sind entweder direkt erkennbar oder in ihrem Anspielungscharakter leicht durchschaubar[49]. Herr Aarenhold ist »im Osten an entlegener Stelle geboren«, womit an Pringsheims Herkunft aus Schlesien erinnert wird. Wie Pringsheim ist Aarenhold ein bedeutender Sammler. Im Namen wird auf einen der wichtigs-

[47] Die Beschreibung der Schwiegermutter in *Beim Propheten* ist nur kurz und ohne jeden Seitenhieb.

[48] Sollte Thomas Mann eine *Walküren*-Aufführung im Prinzregententheater geschildert haben, dann könnte Felix Mottl, der damalige Direktor der Akademie der Tonkunst, am Notenpult gestanden haben; vgl. von Schirnding, a.a.O., S. 12.

[49] vgl. hierzu Rasmussen, a.a.O., S. 113

ten mit Pringsheim konkurrierenden Sammler angespielt, den Berliner Großindustriellen Eduard Arnhold. Der künftige Schwiegersohn von Herrn Aarenhold, Herr von Beckerath, greift direkt den Namen des Krefelder Textilindustriellen Adolf von Beckerath auf, der neben Alfred Pringsheim der wichtigste private Sammler früher italienischer Majolika war[50]. Familie Aarenhold selbst ähnelt der Familie Pringsheim: In beiden Fällen sind die jüngsten Kinder Zwillinge: Klaus und Katia Pringsheim bzw. Siegmund und Sieglinde Aarenhold. Die Interieur-Beschreibungen stützen sich auf das Haus der Schwiegereltern, auch wenn Thomas Mann dieses an den Berliner Tiergarten verlegte. Selbst das Eisbärenfell in Siegmunds Schlafzimmer, auf dem der Inzest stattfindet, war ein Requisit des Hauses Pringsheim.

1906 sollte der Text erscheinen, musste aber auf Druck Alfred Pringsheims zurückgezogen werden[51]. Erst 1921 erschien die Erzählung in einem Privatdruck im Phantasus-Verlag von Georg Martin Richter mit Lithografien von Thomas Theodor Heine[52].

Katia Mann hat diese so offensichtlichen Anspielungen später bestritten und bezeichnet sie als »viel Aufhebens um nichts«[53]. Die autobiografische Deutung scheine ihr »schon rein psychologisch vollkommen blödsinnig«[54]. Thomas Mann allerdings berichtete seinem Bruder Heinrich, dass er, nachdem er von dem Gerücht erfahren habe, die Familie seiner Frau fürchterlich kompromittiert zu haben, die Novelle im Geiste angesehen habe und sie nicht gerade geeignet finde, das Gerücht niederzuschlagen[55].

Die Affäre »Wälsungenblut« wurde zwischen Alfred Pringsheim und Thomas Mann wohl niemals völlig ausgeräumt, war jedoch sicher nicht die einzige Reibungsfläche.

In der Inflation der Jahre 1922 und 1923 hatte Alfred Prings-

50 vgl. Katalog Nachlaß Adolf von Beckerath Berlin zur Versteigerung Nr. 1755 des Auktionshauses Lepke 1916 mit 1178 Positionen zu Arbeiten in Stein und in Holz, Gemälde, Bronzen, Majoliken, Teppiche, Glas u.v.m., in: Auktion Nr. 110 Hartung und Hartung in München 2004, Aufruf-Nr. 3027

51 hierzu Klaus Pringsheim, Ein Nachtrag zu »Wälsungenblut«, S. 253ff.

52 hierzu Heißerer, Thomas Manns Villino, S. 26ff.

53 Katia Mann, a.a.O., S. 74

54 a.a.O., S. 75

55 Brief vom 17.1.1906, zitiert nach Peter de Mendelssohn, a.a.O., S. 1105

heim so viel Vermögen verloren, dass der Unterhalt des Hauses Arcisstraße 12 geradezu als Last empfunden wurde. Der Lebensunterhalt wurde aus der Pension des emeritierten Professors und durch Einnahmen aus der Vermietung einiger Zimmer an Studenten bestritten. Gelegentlich wurden auch Teile der Kunstsammlung veräußert. Man lebe »von der Wand in den Mund«[56]. Hedwig Pringsheim klagte in einem Brief zu Weihnachten 1924, in dem sie einen Vergleich zur finanziellen Situation von Thomas und Katia Mann zog:

»Sie sind auch die bei weitem ›Pekuniärsten‹ in der ganzen Familie, und während wir, trotz unserm schönen Haus, das wir – leider – immer noch bewohnen, recht arme Schlucker sind, schaffen sich Manns eben ein Automobil an und bauen sich eine Garage an ihrem Haus: nobel.«[57]

Zu den finanziellen Sorgen kam die Ungewissheit, inwieweit der aufkommende Nationalsozialismus die Lebensverhältnisse der Familie berühren würde, deren jüdische Wurzeln trotz Übertritts zum evangelischen Glauben bekannt waren. Auch räumlich war die NSDAP zu spüren, nachdem die Partei das Palais Barlow an der Brienner Straße, nur wenige Meter von der Arcisstraße 12 entfernt, bezogen hatte. Ab 1930 zeichnete sich sogar der Verlust des Hauses ab: Die NS-Planungen sahen Neubauten an der Ostseite des Königsplatzes vor. Thomas Mann schrieb am 24. Juni 1933 in sein Tagebuch:

»Neue Nachrichten über das Schicksal des Hauses in der Arcisstr., dessen Enteignung mit oder ohne Entgelt bevorsteht. Die alten Leute müssen hinaus, damit das Haus, das sie 40 Jahre bewohnten, einem weiteren der verschwenderischen Parteipaläste Platz mache, aus denen dieses ganze Viertel in kurzem bestehen soll. Das Restchen Zukunft der beiden Greise dunkel und ungewiß, ebenso das der Sammlung und Kunstwerke. Man scheint an Übersiedlung ins Ausland zu denken und zwar dorthin, wo wir uns niederlassen. Wir neigen jedoch dazu, den Entschluß zu verschieben ...«[58].

[56] zitiert nach von Schirnding, a.a.O., S. 20

[57] Brief vom 26.12.24 an Dagny Langen-Sautreau, in: Wiedemann, a.a.O., S. 47; vgl. auch: Jens, a.a.O., S. 142

[58] Th.M. Tagebücher 1933–1934, hrsg. von Peter de Mendelssohn, Frankfurt a.M. 1977

Nach der am 15. August 1933 vollzogenen Enteignung gegen eine Abfindung von 700000 Reichsmark wurde das Haus Arcisstraße 12 Anfang bis Mitte November 1933 schließlich abgerissen. Die große mathematische Bibliothek ging an einen Leipziger Antiquar. Der Fries von Hans Thoma wurde geborgen und der Staatsgalerie Stuttgart als – wie es hieß – »Leihgabe aus Münchner Privatbesitz« übergeben. Noch heute wird der Fries im dortigen Depot aufbewahrt. Die Silber- und Goldschmiedesammlung wurde erst im November 1938 beschlagnahmt und vom Reichssicherheitsamt im Bayerischen Nationalmuseum eingelagert[59]. Die Majolika-Sammlung dagegen wurde nach Vermittlung von Winifred Wagner und dem Direktor des Berliner Schloßmuseums, Robert Schmidt, nicht konfisziert, sondern im Sommer 1939 bei Sotheby's in London versteigert. Vom verhältnismäßig mageren Erlös in Höhe von rd. 254000 Reichsmark mussten 75% an das Deutsche Reich abgegeben werden. Insgesamt sechs Majoliken der Sammlung sind heute in Deutschland noch nachweisbar vorhanden[60]. Die wertvollsten Stücke stehen heute in der Robert Lehman Collection des Metropolitan Museum of Art in New York.

Das Ehepaar bezog zunächst eine Wohnung am Maximiliansplatz 7, dritter Stock[61]. Im Frühjahr 1937 wechselten sie in die zweite Etage der Widenmayerstraße 35, bevor am 31. Oktober 1939, einen Tag vor der endgültigen Schließung der Grenzen, wohl mit Hilfe Winifred Wagners und des Generals und Professors Karl Haushofer[62], die Ausreise nach Zürich gelang[63]. Als Juden hatten sie zwei Jahre lang kein Theater, kein Konzert, kein Kino, keine Ausstellung mehr besuchen dürfen[64]. In Zürich star-

[59] hierzu Lorenz Seelig, Die Münchner Sammlung Alfred Pringsheim (im Druck)

[60] Rasmussen, a.a.O., S. 118

[61] Hier besuchte sie 1934 Gustaf Gründgens, der 1926 die Enkeltochter Erika Mann geheiratet hatte. In der »Arcissi« hatte er reüssiert, obwohl die Ehe bereits 1929 wieder geschieden war. Er bot bei seinem Besuch Hilfe für Thomas und Katia Mann an, die aber nicht angenommen wurde, vgl. Jens, a.a.O., S. 138f. und 199.

[62] lt. Golo Mann in Wiedemann, a.a.O., S. 4

[63] Die Umstände der Flucht werden bei Jens, a.a.O., S. 220f. geschildert.

[64] Brief von Hedwig Pringsheim an Katia vom November 1939, zitiert nach Jens, a.a.O., S. 219

ben Alfred Pringsheim am 25. Juni 1941 und Hedwig Pringsheim am 27. Juli 1942[65].

[65] Die Anschrift Arcisstraße 12 ist nicht die einzige Verbindung zwischen der Hochschule und Thomas Mann.

- In der bereits erwähnten Novelle von 1902, *Gladius Dei,* wird – gleich im dritten Absatz – die Akademie der Tonkunst erwähnt, das Vorläuferinstitut der Hochschule, das seit 1846 am Odeonsplatz Nr. 3 untergebracht war: »Im ›Odeon‹ aber wird, wie man vernimmt, an mehreren Flügeln ernstlich studiert.« Dass »ernstlich studiert« wurde, dafür sorgten 1902 die Klavier-Professoren Eduard Bach, Hans Bussmeyer, Paula Fischer, Berthold Kellermann, Martin Krause, Eugen Lang und Heinrich Schwartz. Direktor der Akademie der Tonkunst und Leiter der Klavierklassen war der königl. Hofkapellmeister Bernhard Stavenhagen, der auch Klaus Pringsheims (Privat-)Lehrer war (vgl. Peter de Mendelssohn, a.a.O., S. 875). 1944 fiel das »Odeon« einem Bombenangriff zum Opfer.
- In der im Dezember 1903 entstandenen Novelle *Das Wunderkind* schildert Thomas Mann ein Konzert des griechischen Pianisten Boris Margaritis, der 1903–04 bei Bernhard Stavenhagen Klavier und 1908–14 Komposition bei Friedrich Klose studierte.
- 1898 bezog Thomas Manns Mutter Julia Mann zusammen mit den jüngeren Kindern eine Wohnung in der Herzogstr. 3. Dort befindet sich heute das Wohnheim der Heinz-Bosl-Stiftung für die Ballett-Studenten der Hochschule.
- Walter Courvoisier (1875–1931), Schweizer Komponist und Professor an der Akademie der Tonkunst, wohnte von 1910–1913 in der Mauerkircherstr. 13 über Familie Mann. Thomas Manns Brief an Peter Pringsheim vom 6.11.1917: »Unter großer Teilnahme des gebildeten Bürgerstandes stieg neulich nun auch die Oper von Courvoisier ›Lancelot und Eleine‹. Die Musik entstand ja in der Mauerkircherstraße über unseren Köpfen, und wir waren recht gerührt, die vertrauten Klänge wieder zu hören. Es ist reinstes Wagner-Epigonentum, immer an der Grenze des ganz vertrauten, so daß man jeden Augenblick denkt: jetzt kommt es wirklich; aber durchaus anständig ist es und auch nicht ohne Poesie.« Tagebucheintrag vom 6.3.1921: »Heute gleich nach dem Frühstück mit K. (Katia) ins Odeon zur Generalprobe von Courvoisiers ›Totenfeier‹. Saßen oben.« Tagebucheintrag vom 19.5.1921: »Ponten ... begleitete uns zum Hoftheater, wo ich mit K. (Katia) Courvoisiers Oper ›Die Krähen‹ ... hörte. Gleichgültiger Genuß.«
- Zu erwähnen ist die Tatsache, dass der am 16./17. April 1933 in den *Münchner Neuesten Nachrichten* veröffentlichte »Protest der Richard-Wagner-Stadt München«, der Thomas Mann dazu veranlasste, von einer Auslandsreise nicht mehr nach Deutschland zurückzukehren, neben anderen Repräsentanten des Münchner Kulturlebens vom damaligen Präsidenten der Akademie der Tonkunst, Siegmund von Hausegger, und dem Komponisten Hans Pfitzner, Professor der Akademie, unterschrieben wurde.
- Am 31.10.1949, 13.3.1951 und 19.11.1954 gab der Bratschist Michael Mann, dritter Sohn Thomas Manns, Konzerte im Amerika Haus, Arcisstraße 12.

»Führerbau« und »Ehrentempel« der NSDAP

Im Mai 1930 erwarben die Nationalsozialisten an der damaligen Brienner Straße 45, kurz vor der östlichen Einmündung in den Königsplatz, das 1828 erbaute Palais Barlow und richteten dort die neue Parteizentrale ein. Die Partei sah im klassizistischen Rahmen des Königsplatzes einen geeigneten Standort für ihre Selbstinszenierung, mit der sie gegen den Ruch des Kleinbürgerlich-Proletarischen ankämpfen wollte, der ihr in den führenden Kreisen der Bevölkerung weithin anhaftete. Hitler formulierte im *Völkischen Beobachter* vom 21.2.1931: »Wir wollen den Herrschaften nun zeigen, daß wir mehr Kultur besitzen als unsere Kritiker.«[66] Der Architekt Paul Ludwig Troost war mit den Umbaumaßnahmen betraut worden: »Nur wenige Um- und Einbauten werden das an sich schon repräsentable Gebäude zu einer der Bewegung würdigen Reichsgeschäftsstelle machen.«[67] Troost hatte u.a. 1899 und 1900 zusammen mit Rudolf Alexander Schröder und Heinrich Vogeler die Wohnung des »Insel«-Verlegers Alfred Walter Heymel in der Leopoldstraße 4 umgestaltet[68] und 1903 für den Maler Benno Becker eine Villa an der Maria-Theresia-Straße 26 gebaut[69]. 1905 hatte er das Wohnhaus Georgenstraße 3 für den Komponisten Felix vom Rath (1866–1905) errichtet, der in München enge Kontakte zu Max Schillings, Ludwig Thuille und Richard Strauss

[66] zitiert nach Ulrike Grammbitter: Vom »Parteiheim« in der Brienner Str. zu den Monumentalbauten am »Königlichen Platz«, in: Bürokratie und Kult, Teil I, S. 61

[67] Illustrierter Beobachter 1930, S. 354, abgebildet in Richard Bauer, Maxvorstadt, S. 58

[68] vgl. Heißerer, Wo die Geister wandern, S. 137

[69] Seit 1938 im Besitz Martin Bormanns. Vgl. Abbildung in »Bürokratie und Kult«, Teil I, S. 81 mit Hinweis auf die Stilmerkmale Troosts: kannelierte Pfeiler; Akzentuierung des Eingangs durch einen Pfeilerportikus, der im Obergeschoss einen Balkon trägt; Gliederung der Fassade durch Wandvorsprünge, die die Fenster einrahmen.

hatte[70]. Laut Denkmalliste ist das Gebäude ein Beispiel für den »Jugendstil-Klassizismus«[71]. Bekannt geworden war Troost jedoch vor allem als Innenarchitekt und Ausstatter von Ozeandampfern. Hitler hatte Troost 1930 beim Verleger Hugo Bruckmann[72] kennen gelernt, der in unmittelbarer Nachbarschaft zum späteren Parteigelände, am Karolinenplatz 5, wohnte.

Das als »Braunes Haus« bezeichnete Palais Barlow wurde bald zu klein. Mit der Mitgliederzahl und der politischen Bedeutung der NSDAP wuchsen der repräsentative Anspruch und die administrativen Bedürfnisse der Partei, und man bezog zunächst den nord-östlichen Teil des eigenen Grundstücks in die Planungen ein. Die Nachbarn waren davon nicht begeistert: Eine politische Partei mit einem technischen Apparat von außergewöhnlicher Größe, wie hier die National-Sozialistische Partei, gebe der Stadtgegend einen völlig veränderten Charakter und drücke wegen der stets dort vorherrschenden Unruhe die Mietpreise[73]. Auch staatlicherseits wurden Bedenken geäußert:

»Das bisherige Verhalten der NSDAP im Anwesen Nr. 45 an der Brienner Straße hat gezeigt, daß der Erwerb des Anwesens durch diese Partei vom polizeilichen Standpunkt aus zu bedauern ist. Schon der gewöhnliche Betrieb des Anwesens bringt eine Unruhe mit sich, die zu der vornehmen Ruhe, die früher in dieser Gegend herrschte, in schreiendem Gegensatz steht.«[74]

[70] Nach seinem frühen Tod 1905 errichtete sein Vater Emil vom Rath die »Felix vom Rath-Stiftung zur Unterstützung von Musikern beiderlei Geschlechts«, die 1963 in der Vereinigten Stipendienstiftung »Felix-Mottl-Gedächtnisstiftung« an der Hochschule für Musik und Theater München aufging. Zur Erinnerung an Felix vom Rath trägt eines der Gästeappartements der Stiftung in der Barer Str. 32/34 seinen Namen.

[71] zitiert nach Bäumler, in: Bezirksausschuss Maxvorstadt, NS-Dokumentationszentrum am Königsplatz, S. 34

[72] Insbesondere seine Ehefrau Elsa Bruckmann zählte zu den frühesten Verehrerinnen Hitlers. Sie und ihr Mann besuchten Hitler in der Haft in Landsberg und unterstützten ihn auch finanziell erheblich.

[73] Gerhard Freiherr von Pölnitz im Namen der Eigentümer des Grundstücks Brienner Str. 44, zitiert nach Grammbitter, Vom »Parteiheim« in der Brienner Str. zu den Monumentalbauten am »Königlichen Platz« in: Bürokratie und Kult, Teil I, S. 62–63

[74] Polizeiabteilung des Innenministeriums, 4. August 1931, zitiert nach Bäumler, a.a.O., S. 36; vgl. hierzu i.e. Bäumler, a.a.O., S. 34ff.

Der gepflasterte Königsplatz mit »Führerbau«, »Ehrentempeln« und »Verwaltungsbau« nach 1936

Die Partei ließ sich hiervon nicht beirren. Im Gegenteil: Im Winter 1931/32 begannen die Planungen für eine Ausdehnung auf die Arcisstraße nördlich der Brienner Straße[75], das Gelände der heutigen Hochschule für Musik und Theater. Wiederum war Paul Ludwig Troost mit den Planungen betraut worden. Seine Entwürfe sind zum Teil erhalten[76]. Hitler soll die Planungen intensiv verfolgt haben[77]. Dass er eigene Ideen in die Entwürfe einfließen ließ, ist denkbar. Die Propaganda der damaligen Zeit, die eine große Beteiligung Hitlers behauptete, ist allerdings kaum als seriöse Quelle heranzuziehen. Bereits im Januar 1932 wurde das nördliche Eckgrundstück Arcis-/Brienner Straße (= Brienner Straße 44; Abbruch

75 damals die Grundstücke Arcisstraße 20, 22 und 24

76 vgl. Grammbitter, Vom »Parteiheim« in der Brienner Str. zu den Monumentalbauten am »Königlichen Platz« in: Bürokratie und Kult, Teil I, S. 64ff.

77 vgl. z. B. Albert Speer, Erinnerungen, S. 52

im Februar 1934), im März 1932 das sich nördlich anschließende Grundstück Arcisstraße 20, bebaut mit einem erst in den zwanziger Jahren von Theodor Fischer erbauten Wohnhaus (letzter Eigentümer Fides AG Schaffhausen; Abbruch August 1933), erworben.

Spätestens Anfang 1933, als Hitler Reichskanzler und die NSDAP Regierungspartei geworden waren, wurde auch der südliche Abschnitt der Arcisstraße in die Planungen einbezogen[78]. Die Übernahme der noch fehlenden Grundstücke vollzog sich nun zügig. Es ist kaum vorstellbar, dass die Verkäufer in allen Fällen aus freien Stücken handelten. Die Tagebücher Thomas Manns aus dieser Zeit bezeugen, dass mindestens im Fall der Familie Pringsheim Druck ausgeübt wurde[79]. Im April 1933 kaufte die Partei das Grundstück Arcisstraße 22 (letzte Eigentümer: Alfred, Adele und Sophie Hussel, Kinder des Malers Otto Hussel; Abbruch Mai 1933)[80], vor dem Juli 1933 das Grundstück Arcisstraße 24 (letzter Eigentümer und Bewohner: Kunsthändler Otto Alfons Böhler zusammen mit dem Mieter Ludwig Putz, Maler[81]). Das südliche Eckgrundstück Arcisstraße/Brienner Straße (= Brienner Straße 16, letzter Bewohner Moritz Prinz von Hohenlohe-Schillingsfürst, 1932 Verkauf an die Baugesellschaft Monachia, Abbruch Januar 1934) ging im Juni 1933 in das Eigentum der NSDAP über. Im Juli 1933 wurden das Grundstück Arcisstraße 10 (letzter Eigentümer: Bankdirektor a.D. Dr. Alfred Wolf, im Erdgeschoss die Pension »Glaspalast«; Abbruch Oktober 1933), im August 1933 die Grundstücke Arcisstraße 12 und 14 erworben (auch

[78] Am 10. Mai 1933 fand die schändliche Bücherverbrennung auf dem Königsplatz statt, an der die Akademie der Tonkunst beteiligt war: Im Rahmen der vorausgehenden »Feier der nationalen Revolution« im Lichthof der Universität wurde u.a. Musik von Richard Trunk, dem damaligen Direktor der Akademie der Tonkunst, gespielt (vgl. Wolfram Kastner, Die ordentliche Begrünung der Geschichte. Einige unordentliche Anmerkungen zum Königsplatz in München, Bürokratie und Kult, Teil II, S. 336).

[79] vgl. beispielsweise 24.6.33

[80] Otto Hussel, lt. Thieme-Becker Dr. med., Landschaftsmaler, geb. 13.9.1833 in München, zuerst als Irrenarzt tätig, 1871 zur Malerei übergegangen; ausgebildet bei L. Meixner

[81] Ludwig Putz, lt. Thieme-Becker Schlachtenmaler, auch Bildnis-, Genre- und Landschaftsmaler; Lithograph und Radierer, geb. 15.8.1866 in Wien. Schüler von J. Herterich, H. Heim, L. v. Löfftz und Fritjof Smith

das Anwesen Arcisstraße 14 gehörte Alfred Pringsheim. Es war gleichzeitig mit seinem Palais 1889/90 im Auftrag des Kommerzienrates Moritz Guggenheimer und des Bankiers Eduard Guggenheimer erbaut worden. Der Abbruch erfolgte im November 1933).

Im September 1933 begannen unter der Parole »Arbeit und Brot« die Bauarbeiten für das nördliche Gebäude, den »Führerbau«, ohne dass bei der Lokalbaukommission Baupläne eingereicht worden waren. Die Aufforderung der Stadtverwaltung, die Arbeiten einzustellen, blieb unbeachtet. Erst im Februar 1934 lag die Baugenehmigung vor. Wegen dieses illegalen Baubeginns kam es auch nicht zu einer Grundsteinlegung[82].

Nach Troosts Tod am 21. Januar 1934 führte sein langjähriger Mitarbeiter Leonhard Gall die Bauarbeiten auf der Basis der Entwürfe von Troost zusammen mit Gerdy Troost, Mitarbeiterin ihres Mannes und selbst Innenarchitektin, weiter[83]. Die Arbeiten wurden durch die Hochtief AG in München ausgeführt, Bauleiter war Josef Heldmann.

Im Februar 1934 begannen die Arbeiten am südlichen Gebäude, dem »Verwaltungsbau«. Das Richtfest wurde am 3. November 1935 gefeiert. Am 25. September 1937 wurden die beiden zentralen Parteigebäude in Anwesenheit von Hitler und Mussolini eingeweiht, das südliche für die Reichsleitung der NSDAP, das nördliche für Hitler und seinen Stab.

Bei der im Nationalsozialismus herrschenden Einheit von Partei und Staat wurden Parteibauten zwangsläufig zu einer besonders wichtigen Aufgabe. Die Bauten am Königsplatz gehören neben dem »Haus der Deutschen Kunst«[84] zu den ersten Repräsentationsbauten der Nationalsozialisten und wurden von ihren Urhebern als »zeitverbundene Werke im Geiste klassischer Antike, ohne Vorhandenes kopieren zu müssen«[85], betrachtet. Sie waren

82 Ulrike Grammbitter, Vom »Parteiheim« in der Brienner Str. zu den Monumentalbauten am »Königlichen Platz« in: Bürokratie und Kult, Teil I, S. 70

83 über die Versuche der Einflussnahme Hitlers vgl. Speer, a.a.O., S. 63. Das sog. »Atelier Troost« entwarf auch die Inneneinrichtungen der Wohnungen Hitlers am Prinzregentenplatz, in Berlin (vgl. Speer, a.a.O., S. 131 ff.) und am Obersalzberg (vgl. Speer, a.a.O., S. 103 ff.).

84 Grundsteinlegung Oktober 1933

85 Winfried Nerdinger (Hrsg.), Bauen im Nationalsozialismus, S. 404

für die gesamte weitere Repräsentationsarchitektur im Nationalsozialismus von größter Bedeutung, da Hitler besonderen Gefallen an Troosts Formenkanon gefunden hatte, der von nun an endlos wiederholt und variiert wurde[86]. Auffallend ist die Betonung der Horizontalen: auf 85 m Breite und 45 m Tiefe kommen lediglich 18 m Höhe, der zurückgesetzte Dachaufsatz hat eine Firsthöhe von 24 m. Abgesehen von den hervorgehobenen Eingängen ist die Fassadengestaltung eher schlicht und reduziert. Die Literatur spricht von »primitivistischem Neoklassizismus«[87]. Die massive Außenfassade mit Ziegelhintermauerung besteht zunächst aus einem grauem Muschelkalksockel. Darüber wurde heller Donaukalkstein aus der Umgebung von Kelheim verbaut.

Der »Führerbau«[88], das Repräsentations- und Dienstgebäude für Hitler und seinen (Partei-)Stellvertreter auf dem nördlich der Brienner Straße liegenden Grundstück erhielt 1937 die neue Hausnummer Arcisstraße 12. Der »Verwaltungsbau« südlich der Brienner Straße und bis zum Ende des Regimes Sitz sowohl der Parteiverwaltung mit der umfangreichen Mitgliederkartei als auch des »Reichsschatzmeisters«, trug die Adresse Arcisstraße 10, heute Meiserstr. 10.

Abbildung des »Führerbaus«, hier noch als »Führerhaus« bezeichnet, auf einer Briefmarke aus dem Jahr 1936.

Im Führerbau war u.a. der Stab des »Stellvertreters der Führers«[89] untergebracht. Der »Stellvertreter des Führers« hatte eine Doppelfunktion: Einerseits sollte er als Kontroll- und Koordinationsinstanz innerhalb der Partei agieren und mithin ein Gegengewicht zu den machtgierigen Parteigewal-

[86] a.a.O., S. 404
[87] a.a.O., S. 404
[88] zunächst als »Führerhaus« bezeichnet
[89] vgl. zu diesem Thema Peter Longerich, Hitlers Stellvertreter

tigen bilden. »Beim Stellvertreter des Führers laufen alle Fäden der Parteiarbeit zusammen. Alle parteiinternen Planungen und alle für den Bestand des Deutschen Volkes lebenswichtigen Fragen werden von ihm in letzter Parteiinstanz entschieden. Der Stellvertreter des Führers gibt für die gesamte Parteiarbeit die erforderlichen Richtlinien«[90]. Andererseits sollte er als Kontaktstelle zwischen Partei und Staat fungieren und so eine geordnete, kanalisierte parteiliche Einflussnahme auf den staatlichen Sektor gewährleisten. Durch die Ernennung von Hess zum Reichsminister ohne Geschäftsbereich am 1. Dezember 1933 und dem damit verbundenen Mitwirkungsrecht an der Regierungsgesetzgebung wurde dies manifestiert. »Dem Stellvertreter des Führers sind neben der Aufgabe der Parteiführung weitgehende Befugnisse im Bereich des Staates zugewiesen, und zwar: 1. Beteiligung an der Reichs- und Landesgesetzgebung einschließlich der Vorbereitung von Führererlassen ... 2. Zustimmung des Stellvertreters des Führers zu Ernennungsvorschlägen für Beamte und Arbeitsdienstführer ... 3. Sicherung des Einflusses der Partei auf die Selbstverwaltung der Gebietskörperschaften ...«[91].

Nachdem Martin Bormann am 12. Mai 1941 Nachfolger von Hess geworden war, firmierte er als »Sekretär des Führers«. Der »Stab« wurde zur »Partei-Kanzlei«. Von nun an oblagen ihr zusätzlich nicht nur »die Behandlung aller Partei und Wehrmacht gemeinsam berührenden Fragen«[92]. Bormann war weitestgehend an den Vorarbeiten für praktisch alle Gesetze, Verordnungen, Erlasse zu beteiligen. Ob diese Ansprüche in der Realität – vor allem gegenüber den mächtigen Gauleitern – durchsetzbar waren, erscheint zweifelhaft. Auch die Verzahnung zwischen Partei und Staat führte immer wieder zu Reibereien und Kompetenzstreitigkeiten. Initiativ wurde die Partei-Kanzlei in jedem Fall, wenn ideologische Fragen berührt wurden, wie in der Bevölkerungs-, Rassen- und Kirchenpolitik.

90 Nationalsozialistisches Jahrbuch 1941, S. 219f., zitiert nach Bernhard Schäfer, Die Dienststellen der Reichsleitung der NSDAP in den Parteibauten am Königsplatz, in: Bürokratie und Kult, Teil I, S. 102

91 a.a.O., S. 102

92 Nationalsozialistisches Jahrbuch 1944, S. 181f., zitiert nach Bernhard Schäfer, Die Dienststellen der Reichsleitung der NSDAP in den Parteibauten am Königsplatz, in: Bürokratie und Kult, Teil I, S. 104

All diese Aufgaben waren nur mit einem großen Mitarbeiterstab zu bewältigen. Dementsprechend stieg die Zahl der Mitarbeiter von zehn im Oktober 1933 über 468 im Oktober 1938 auf 871 im Januar 1944. Nicht alle diese Mitarbeiter konnten räumlich im »Führerbau« untergebracht werden. Ihre Arbeitsstellen verteilten sich vielmehr auf Gebäude in der näheren Umgebung, zunächst nur auf das »Braune Haus«, die gegenüber liegende ehemalige päpstliche Nuntiatur und das Gebäude Arcisstraße 11. Im November 1943 war die Partei-Kanzlei auf insgesamt 15 Gebäude verteilt. Im »Führerbau« selbst saßen zumindest die drei Abteilungsleiter »Geschäftsführung«[93], »Innere Parteiangelegenheiten«[94] und »Staatsrechtliche Fragen«[95], deren Bereiche in Hauptämter (später Gruppen), Ämter, Hauptstellen und Stellen untergliedert waren.

Im Blick auf die heutige Nutzung des Hauses ist folgende Kuriosität festzuhalten: Zur Zuständigkeit des »Stellvertreters des Führers« gehörte auch das »Nationalsozialistische Reichs-Symphonie-Orchester« (NSRSO), das Anfang 1932 zum ersten Mal auftrat. Es stand unter der Leitung von Franz Adam[96]. 1936 kam Erich Kloss als zweiter musikalischer Leiter hinzu. Das Orchester sollte die »Bewegung« musikalisch unterstützen und trat jährlich rund 200 Mal auf. Zum Geschäftsbereich gehörte ab 1936 auch ein »Beauftragter für alle Hochschulangelegenheiten« und, diesem zugeordnet, eine »Kommission für Hochschulpolitik«, deren

[93] Abwicklung aller technischen und internen Verwaltungsangelegenheiten der Partei-Kanzlei

[94] Deren Führungspersonal setzte sich aus ehemaligen Kreisleitern und Gauamtsleitern zusammen. Die diesen zugeordneten »Gruppen« (1942: 4, 1944: 5, 1945: 8) befassten sich mit organisatorischen Grundsatzfragen der Partei, mit Presse, Propaganda, Schulung, Kultur, Personalfragen, Kriegs- und Wehrmachtsangelegenheiten.

[95] Die bis zu acht »Gruppen« bildeten Pendants zu den Ministerien der Reichsregierung.

[96] Klarinettenstudium an der Akademie der Tonkunst in München von 1902 bis 1905 bei Anton Walch. Im August 1934 zum »Sachbearbeiter für Musik« ernannt. Ab 1935 gehörte Franz Adam dem Präsidialrat der Reichsmusikkammer an, einer Abteilung der dem Reichspropagandaministerium unter Goebbels unterstehenden Reichskulturkammer. Gleichrangiger »Sachbearbeiter für Bildende Kunst« war Prof. Adolf Ziegler. Beider Vorgesetzter im Stab des Stellvertreters des Führers war Philipp Bouhler als Bearbeiter für kulturpolitische Fragen.

Vorsitz Hess selbst innehatte und der z.B. der heftig umstrittene Staatsrechtler Carl Schmitt angehörte.

Im Führerbau hatten darüber hinaus einige »Reichsleiter« ein Büro. Die am 2. Juni 1933 ernannten 16 »Reichsleiter« waren Funktionäre der Parteiführung. Sie sollten die »Oberste Reichsleitung« der Partei bilden, waren allein dem »Stellvertreter des Führers« unterstellt und zur Durchführung und zentralen Leitung der Aufgaben der Partei eingesetzt. Sie wurden auf Regierungsebene mit Ministern verglichen und hierarchisch – zumindest offiziell – sogar über den Gauleitern angesiedelt. Oft hatten die Reichsleiter zusätzlich Funktionen im staatlichen Bereich. Dies führte dazu, dass der Schwerpunkt der Tätigkeit in Berlin lag und in München viele Aufgaben von den Mitarbeitern der »Reichsleitung« (1934: 1598; 1938: 4449) erledigt wurden, die in der unmittelbaren Umgebung des »Braunen Hauses« und des »Führerbaus« untergebracht waren. Das Aufgabengebiet scheint allerdings etwas diffus und stark abhängig von der einzelnen Persönlichkeit gewesen zu sein, z.T. handelte es sich wohl auch nur um einen bloßen Ehrentitel, der für Verdienste um die »Bewegung« verliehen wurde.

Zwischen den beiden Gebäuden, unmittelbar an der Brienner Straße und anstelle der ehemaligen Wohnhäuser von Carl von Fischer und Julius Schnorr von Carolsfeld, errichtete die NSDAP ab Mai 1935 die zwei sog. »Ehrentempel«. Am 9. November 1935 wurden dort sechzehn eiserne Särge mit den beim Marsch auf die Feldherrnhalle am 9. November 1923 von der Polizei erschossenen Genossen Hitlers, den »Blutzeugen«[97], aufgestellt. Die Na-

[97] Im Ausstellungskatalog des Münchner Stadtmuseums »München – Hauptstadt der Bewegung« wird auf S. 355f. berichtet, der eigentlich unbeteiligte Karl »Kulm« (gemeint wohl: Karl Kuhn) sei wahrscheinlich nur wegen der Symmetrie von jeweils acht Sarkophagen in den Tempel mit aufgenommen worden. David C. Large, Hitlers München, S. 241 und Gavriel Rosenfeld, Architektur und Gedächtnis, Kap. 3, Fußnote 31 übernehmen die These. Dagegen spricht jedoch, dass Karl Kuhn bereits auf der Bronzetafel von 1930/31 im »Braunen Haus« und auf der am 9.11.1933 enthüllten Namenstafel an der Feldherrnhalle gleichberechtigt genannt wird. Das Konzept, Mausoleen in den Ehrentempeln einzurichten, scheint erst im November 1934 entstanden zu sein. Am Odeonsplatz erinnert heute vor der Feldherrnhalle eine in den Boden eingelassene Tafel an die vier getöteten Polizeibeamten: Friedrich Fink, Nikolaus Hollweg, Max Schobert und Rudolf Schraut.

men der Toten wurden dabei einzeln zum »letzten Appell« aufgerufen, die Menge antwortete jeweils mit »hier«. Dieses Ritual wiederholte sich alljährlich am 9. November.

Die Ehrentempel standen auf einem gestuften, quadratischen Sockel von rund 21 m Seitenlänge aus unterfränkischem Muschelkalk. Im Unterschied zu den beiden Großbauten, die acht Meter hinter die alte Baulinie der Arcisstraße zurückversetzt sind, befanden sich die Ehrentempel in der Bauflucht der Altbauten. Zwanzig 7 m hohe, kannelierte Pfeiler aus Auerkalkstein trugen einen frei gespannten, aus Eisen und Beton konstruierten Deckenkranz, der an seiner Unterseite mit einem Ornament aus geätztem Glasmosaik geschmückt war. Die Gesamthöhe betrug 10 m. Nur an der dem Platz abgewandten Seite befand sich eine Treppe, die ins Innere des »Tempels« führte und Tag und Nacht von einer Mahnwache aus zwei Mitgliedern von Hitlers Leibstandarte besetzt war. Die weihevolle Tempelarchitektur war bewusst inszeniert: Der Königsplatz wurde zu einer Art Wallfahrtstätte für die Parteianhänger, zu dem Identifikationszentrum mit religiösem Charakter in der »Hauptstadt der Bewegung[98]«, das Hitler bereits in *Mein Kampf* angekündigt hatte: »Nur das Vorhandensein eines solchen, mit dem magischen Zauber eines Mekka oder Rom umgebenen Ortes, kann auf die Dauer einer Bewegung die Kraft schenken, die in der inneren Einheit und der Anerkennung einer diese Einheit repräsentierenden Spitze begründet liegt.«[99]

Im April 1944 wurde der berüchtigte Münchner Gauleiter Adolf Wagner mit großer Zeremonie hinter dem nördlichen »Ehrentempel«, direkt gegenüber den Stufen, begraben.

Hitler hatte sich bereits vor der Fertigstellung als Kanzler etabliert und pendelte im Wesentlichen zwischen Berlin und dem Obersalzberg bei Berchtesgaden – sein süddeutsches Domizil hatte er in die Berge verlegt. Im »Führerbau« hielt Hitler selbst sich deshalb selten auf. Bis auf einen Besuch Mussolinis im Juni 1940 zur Vorbereitung der Bedingungen für einen Frieden in Frankreich fanden dort nur noch einige Empfänge für Diplomaten, für

[98] Zur Entwicklung Münchens zur »Hauptstadt der Bewegung«, vgl. Schäfer, Die Dienststellen ..., in: Bürokratie und Kult, Teil I, S. 90ff.

[99] zitiert nach Karl Arndt, Paul Ludwig Troost als Leitfigur der nationalsozialistischen Repräsentationskultur, in: Bürokratie und Kult, Teil I, S. 141

Parteiführer und für Künstler, z.B. anlässlich der »Großen Deutschen Kunstausstellung« im »Haus der Deutschen Kunst«, statt.

Jeweils am 9. November, dem Jahrestag des Marsches auf die Feldherrnhalle von 1923, nahm Hitler vom Balkon des »Führerbaus« Massenparaden auf dem Königsplatz ab, der inzwischen mit etwa 1 qm großen Granitplatten gepflastert war. Zu diesem Zweck wurde eine Mikrophonanlage installiert, die heute nicht mehr existiert. Zum letzten Mal fand die Feier zum 9. November im Jahre 1943 statt.

Martialische Einweihung der »Ehrentempel« am 9. November 1935

Die Innenräume des »Führerbaus«[100]

Auffallend ist zunächst die hohe Zahl von großen Räumen, Wandelhallen, Treppenhäusern – Indiz dafür, dass dieses Gebäude vor allem zur Repräsentation gedacht war. Die Fußböden wurden mit rotem Saalburger Marmor bedeckt, die Wände mit hellem Jura-Marmor aus Treuchtlingen und Kelheim verkleidet. Der Vergleich mit dem gleichzeitig gebauten »Haus der (Deutschen) Kunst« und dem »Verwaltungsbau der NSDAP« drängt sich auf: Trotz weitgehender Ähnlichkeit im Detail sind das Haus der Kunst und der Verwaltungsbau sehr viel zweckmäßiger und raumsparender geplant. Auch wenn ein Großteil der Räume des »Führerbaus« schon bald nach dem Krieg zu einzelnen Büros umgebaut wurde, lässt sich die ursprüngliche Raumaufteilung noch gut erkennen. Nachträglich eingezogen wurden vor allem solche Wände, die nicht mit Marmor verkleidet sind.

Die quer liegende Wandelhalle im Erdgeschoss zwischen den beiden Eckzimmern, in denen die Wachen untergebracht waren.

Das Erdgeschoss weist zwei Haupteingänge an der Arcisstraße auf. Beide führten den Besucher zunächst durch eine quer liegende monumentale Wandelhalle und zu zwei großen Treppenaufgängen, zwischen denen die zentrale Garderobe lag. Drei weitere Eingänge befinden sich an der Nordseite, jeweils zwei an der Süd- und der Ostseite des Gebäudes. Vor allem der nördliche Haupteingang wurde zu Repräsentationszwecken genutzt.

Er ermöglichte den dramaturgisch wichtigen langen Weg über den nördlichen Lichthof vorbei an der Garderobe zum südlichen Lichthof und über die dortige Treppe zum ersten Stock durch eine lange Raumfolge bis zum Arbeitszimmer des »Führers«. Die Eckzimmer auf der Westseite dienten dem Wachpersonal des Reichssicherheitsdienstes und der SS, Wendeltreppen führen auf jeder Seite ins Untergeschoss zu Garderoben, Spinden und Sanitärräumen. Die Räume auf der Ostseite des Erdgeschosses wurden weitgehend als Büros genutzt. Der heutige Kleine Konzertsaal und die »Opernschule« (Raum 33) wurden erst nach dem Krieg durch Entfernung von Zwischenwänden geschaffen.

Im ersten Stock befand sich auf der Westseite, zum Königsplatz hin, im heutigen Raum 105, Hitlers Arbeitszimmer: direkt über dem südlichen Haupteingang und mit einem Balkon versehen. Ein braun-roter Teppichboden, eine in der gleichen Farbe gehaltene lederne Wandbespannung, Nussbaumtäfelung, Marmorkamin und Möblierung sollten den Raum vornehm und gediegen wirken lassen[101]. Der Raum war mit einem Bismarck-Porträt von Lenbach, Gemälden von Spitzweg[102], Menzel[103] und Defregger[104] sowie einem riesigen Globus[105] ausgestattet – man fühlt sich unwillkürlich an den Film *Der große Diktator* von Charlie Chaplin aus dem Jahr 1940 erinnert. Der Kamin, die Bücherwand und der Deckenleuchter sind noch vorhanden. Das Zimmer wurde nach dem Krieg allerdings um eine Fensterachse im Süden verkürzt.

Südlich befand sich ein Durchgang zum Zimmer des Chefadjutanten, das wiederum in ein Adjutantenzimmer überging. Nördlich schloss sich ein durch eine Tapetentür verbundenes Badezimmer an.

[100] vgl. hierzu vor allem Eva von Seckendorff, Monumentalität und Gemütlichkeit, in: Bürokratie und Kult, Teil I, S. 119ff., insbes. 131ff.

[101] Alexander Heilmeyer, Die Kunst im Dritten Reich, S. 306

[102] *Das Ständchen*, heute im Museum für Kunst und Kulturgeschichte Dortmund

[103] *Friedrich der Große*

[104] *Heimkehr der Freiheitskämpfer*

[105] Die beiden Globen, die sich im »Führerbau« und im »Verwaltungsbau« befanden, sind in der Staatsbibliothek, Kartenabteilung und im Stadtmuseum, Ausstellung München im Nationalsozialismus, erhalten. Es ist allerdings nicht mehr bekannt, welcher Globus in welchem Gebäude stand.

Arbeitszimmer Hitlers, in dem am 29. September 1938 das »Münchner Abkommen« geschlossen wurde.

Darauf folgte eine weitere Wandelhalle, dann ein holzverkleidetes Rauchzimmer mit vier Holzreliefs, die verschiedene Berufsstände darstellten: der heutige Lesesaal der Bibliothek. Zwei der Holzreliefs sind erhalten. Im nordwestlichen Eckzimmer befand sich eine Bar. Die bis heute erhaltenen Wandmalereien, die die vier Jahreszeiten darstellen, stammen von Karl Heinz Dallinger, der auch die Bar im Haus der (Deutschen) Kunst ausgestaltete. An der Nord-Ost-Seite befanden sich ein Wirtschaftsraum mit Geschirrschränken und Spülen sowie ein Anrichteraum, der über einen Speisenaufzug mit der im Untergeschoss liegenden Küche verbunden war. Auf der Ostseite folgte hierauf ein repräsentativer Speisesaal für bis zu 60 Personen. Die Türumrahmungen und Sockelleisten waren aus Tegernseer Marmor. An den Wänden befanden sich Stuckreliefs mit Nazi-Motiven. Da die Raumaufteilung nach dem Krieg verändert wurde, erinnern nur noch die beiden unterschiedlich gestalteten Heizkörperverkleidungen im heutigen Raum 127 an diese frühere Nutzung.

Zentral auf der Rückseite der Großen Halle, dem heutigen Großen Konzertsaal, befand sich ein Kaminzimmer mit Adolf Zieglers *Vier Elementen*, einem Hauptwerk der Nationalsozialistischen Kunst[106], südlich davon ein Empfangszimmer mit großen Wandspiegeln an der Stelle des heutigen Tonstudios und ein weiteres holzverkleidetes Rauchzimmer mit Kamin auf der Südseite, der heutige Raum 133, der mit Ausnahme des Kamins weitgehend unverändert ist. Über dem Kamin hing eine *Marktszene* von Pieter Aertsen aus dem Jahr 1562[107].

Wandelhalle im ersten Stock, später befand sich hier der Lesesaal der Bibliothek des Amerika Hauses. Heute ist der Raum in mehrere Unterrichtszimmer unterteilt.

In der Mitte des Gebäudes befand sich eine »Große Halle«, in der die Gobelins[108] mit der Herkules-Sage hingen, die nach dem Krieg dem neu geschaffenen Konzertsaal in der Residenz seinen Namen gaben. In der »Großen Halle«, die zunächst als Kongresssaal mit entsprechender Bestuhlung geplant war, wurden nach der Fertigstellung vor allem Empfänge abgehalten. Die Halle hatte eine völlig andere Gestalt als heute. Sie war mit ei-

[106] Adolf Ziegler wurde 1936 Präsident der »Reichskammer der Bildenden Künste«. Er war 1937 zuständig für die Entfernung von mindestens 17 000 als »entartet« gebrandmarkten Kunstwerke aus deutschen Museen und für die Auswahl zur Wanderausstellung »Entartete Kunst«.

[107] heute im Rheinischen Landesmuseum Bonn

[108] Die neun großen Wandteppiche mit der Darstellung der Taten des Herkules hatte Herzog Albrecht V. (1528–1579) in Amsterdam für Schloss Dachau anfertigen lassen. Gerdy Troost hatte sie aus dem Depot des Münchner Residenzmuseums erhalten.

»Große Halle« mit den Gobelins, die nach dem Zweiten Weltkrieg dem Herkulessaal in der Münchner Residenz den Namen gaben; heute »Großer Konzertsaal« der Hochschule für Musik und Theater München.

nem Flügel, großen Buffet-Tischen und Sitzgruppen ausgestattet, hinter dem heutigen mittleren Bühnenbereich befand sich ein Kamin, über dem ein großes Stuckrelief *Tag und Nacht* von Emil Hipp angebracht war. Erst nach der weitgehenden Entfernung des Mobiliars im Sommer 1943 wurde der Saal als Auditorium für Wehrmachts- und Gauleitertagungen genutzt.

Im zweiten Stock des Gebäudes befanden sich die Diensträume von Rudolf Hess und später Martin Bormann (heute 202, das Zimmer des Rektors; damals durch einen Ein-Mann-Fahrstuhl, der auch durch das Chefadjutantenzimmer führte, mit dem Kellergeschoss verbunden) und deren Stab, die Büros der Abteilungsleiter[109], mehrerer Reichsleiter[110] und deren Mitarbeiter. In den sog. Galerie-Räumen auf der Ostseite des Gebäudes wurden von Zeit zu Zeit Kunstwerke ausgestellt, um eine Auswahl für das geplante große »Führermuseum« in Linz zu treffen[111].

Im Untergeschoss war in der Nord-Ost-Ecke des Gebäudes eine große Küche eingerichtet, die nur für große Empfänge genutzt wurde und über mehrere Aufzüge und mindestens eine Treppe mit den darunter liegenden Vorratskammern verbunden war. Daneben lag ein Kasino, das nur hohen Parteifunktionären zugänglich war und heute als Cafeteria genutzt wird.

Im Kellergeschoss befanden sich Luftschutzkeller, die die gesamte Westseite des Gebäudes einnahmen und Platz für 400 Personen boten. Sie waren mit Gasschleusen ausgestattet und durch 2,50 m dicke Eisenbetondecken geschützt. Seit Sommer 1938 dienten sie vor allem der Aufbewahrung von Kunstwerken. Auf der Nord-Ost-Seite des Kellergeschosses befanden sich weitläufige Vorratskammern, die noch heute im alten Zustand erhalten sind. Die Kühltechnik entspricht dem damals aktuellen Stand der Technik: Die Nationalsozialisten wollten auch hier zeigen, dass sie an der Spitze des Fortschritts standen.

Die beiden zentralen Parteigebäude waren durch zwei unterirdische Gänge miteinander verbunden. Vom »Führerbau« und dem »Haus der NSDAP« führten unterirdische Gänge auch zu anderen der im Jahr 1942 schließlich 68 Parteigebäuden in der Umgebung, in denen rund 6000 Menschen arbeiteten[112]. Die Gänge dienten vor allem der technischen Versorgung[113].

[109] Im heutigen Raum 207 saß z.B. Dr. Gerhard Klopfer, seit 1941 Leiter der Abt. III, Jurist.

[110] Im heutigen Raum 227 saß der Reichspressechef Otto Dietrich.

[111] s.u. »Depot für das Führermuseum«

[112] Hierzu z.B. Wolfgang Höbel, Julian Rosefeldt und Piero Steinle, »Unter uns«, Magazin der Süddeutschen Zeitung vom 18.2.1994, S. 32ff.

[113] Ulrike Grammbitter, Vom »Parteiheim« ..., in: Bürokratie und Kult, Teil I, S. 79

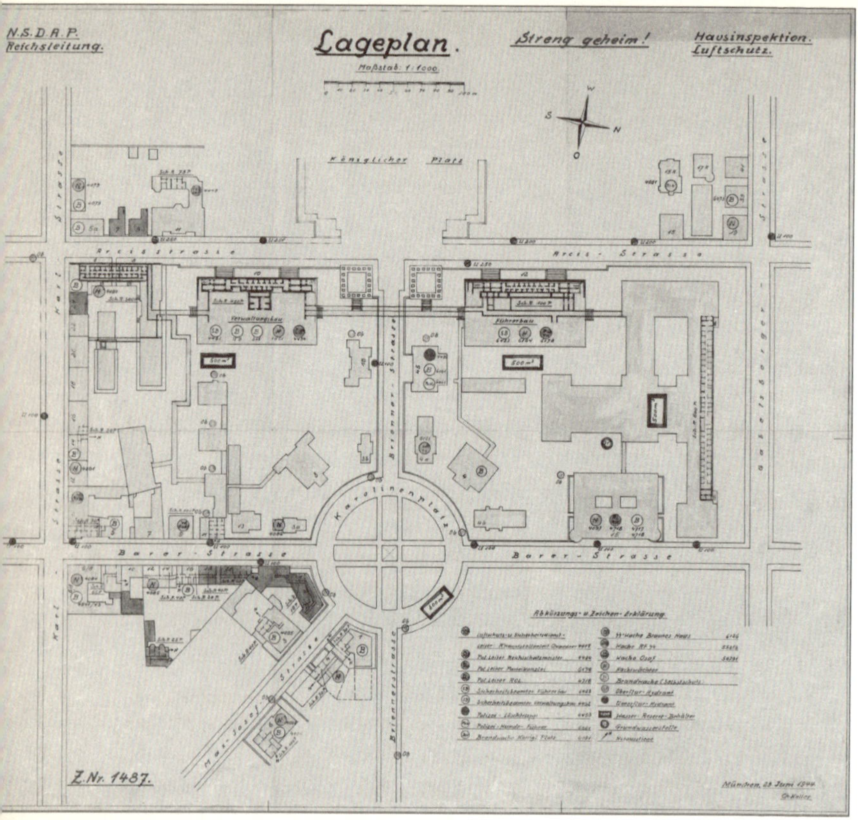

Lageplan Luftschutzkeller

Kellerräume des »Führerbaus«

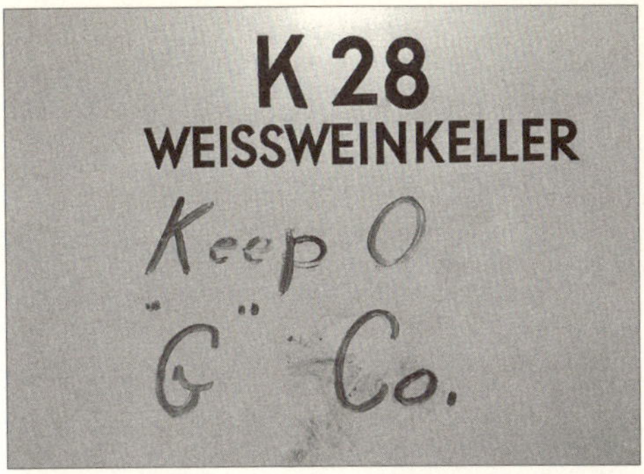
K 28
WEISSWEINKELLER
Keep O
"G" Co.

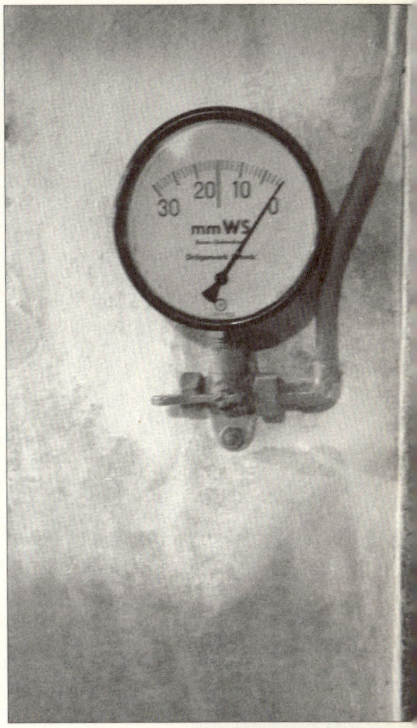
30 20 10 0
mmWS

Kein
Zugang!

Das Münchner Abkommen

Medaille von Goetz anlässlich des Münchner Abkommens vom 29. September 1938

Ins Rampenlicht der Weltöffentlichkeit traten der »Führerbau« und die in ihm verkörperte nationalsozialistische Repräsentationskultur lediglich aus Anlass der Unterzeichnung des »Münchner Abkommens« am 29. und 30. September 1938. Der englische Premierminister Chamberlain, der französische Ministerpräsident Daladier, der italienische Duce Mussolini und Hitler besiegelten – in Abwesenheit der betroffenen Tschechen – in Hitlers Arbeitszimmer die von Deutschland ultimativ geforderte Abtretung des Sudetenlandes an das »Dritte Reich«. Obwohl die Zusammenkunft kurzfristig einberufen worden war, gelang es Hitler, ein politisches Spektakel vor monumentaler Theaterkulisse zu inszenieren. Die Stadt war aufwändig geflaggt und mit Handzetteln waren die »Münchener, heraus auf die Straße« gerufen worden.

Warum gerade München? Die neuen Parteibauten in der »Hauptstadt der Bewegung« boten ein geeignetes Ambiente. Zudem konnte Hitler von hier aus dem »Duce« per Bahn nach Kufstein entgegenfahren und sich auf dem Weg nach München mit dem »Vermittler« abstimmen.

Viele, insbesondere Engländer und Franzosen, hatten sich von dem Vertrag die Sicherung des Friedens in Europa erhofft. Auch die Münchner Bevölkerung jubelte nach Abschluss des Abkommens vor allem den ausländischen Gästen zu. Hitler soll hierüber unangenehm überrascht gewesen sein. Er hätte wohl die militärische Lösung bevorzugt und war von »seinem Volk«

enttäuscht[114]. Ein Jahr später begann der Zweite Weltkrieg.

Das Abkommen gilt heute als Symbol für das Scheitern der von den Westmächten betriebenen Beschwichtigungspolitik (engl.: *appeasement*). »München« ist im diplomatischen Sprachgebrauch geradezu ein Schlagwort für falsche Nachgiebigkeit gegenüber unersättlichen Erpresserregimen geworden[115]. So erklärte der deutsch-englische Publizist und Politiker Lord Ralph Dahrendorf im Frühjahr 2004, der mahnende Verweis auf »München 1938« habe ihn zum Unterstützer von Blairs Irak-Politik gemacht[116].

Münchener!

Heraus auf die Straße!

Heute vormittag kommen der Führer, der italienische Regierungschef Benito Mussolini, der englische Premierminister Chamberlain und der französische Ministerpräsident Daladier zu einer historischen Besprechung nach München.

Die Fahrt des Führers und seiner Gäste geht

gegen 10.30 Uhr

durch folgende Straßen:

Bahnhof–Bayerstraße–Karlsplatz–(Lenbachplatz-Hotel Regina Hotel Continental)–Neuhauserstraße–Kaufingerstraße–Marienplatz – Dienerstraße – Max Josephs-Platz – (Maximilianstraße – Hotel Vier Jahreszeiten)–Residenzstraße–Odeonsplatz–Ludwigstraße – Von der Tann-Straße – Prinz Carl-Palais und durch die Briennerstraße

Münchener! Heraus auf die Straße!

Aufruf »Münchener, heraus auf die Straße«

[114] vgl. Schmidt, a.a.O., S. 425ff.
[115] Large, a.a.O., S. 382
[116] Süddeutsche Zeitung vom 12.4.2004, S. 14

Depot für das »Führermuseum«[117]

Nach dem »Anschluss« Österreichs an das Deutsche Reich im März 1938 plante Hitler in Linz an der Donau die Errichtung eines Kunstmuseums. Ziel war es, »... eine Sammlung zu schaffen, die sich zwischen München und Wien, den Mittelpunkten alter künstlerischer Kultur, in Ehren behaupten kann«[118]. Hitler wollte die oberösterreichische Stadt, die er als seine Heimatstadt ansah, zu einem industriellen und kulturellen Zentrum ausbauen. Zunächst wollte er in dieses Museum nur seine eigene, seit Mitte der 30er Jahre zusammengetragene Sammlung, die auf seine verschiedenen Wohnsitze verteilt war, einbringen. Mit dem sog. »Führervorbehalt« vom 18. Juni 1938 wurde aus dieser ursprünglichen Idee ein Kunstraubprojekt:

»Bei der Beschlagnahme staatsfeindlichen, im besonderen auch jüdischen Vermögens in Österreich sind u.a. auch Bilder und sonstige Kunstwerke von hohem Wert beschlagnahmt worden. Der Führer wünscht, daß diese zum großen Teil aus jüdischen Händen stammenden Kunstwerke weder zur Ausstattung von Diensträumen der Behörden oder Dienstzimmern leitender Beamter verwendet, noch von leitenden Persönlichkeiten des Staates und der Partei erworben werden. Der Führer beabsichtigt, nach Einbeziehung der beschlagnahmten Vermögensgegenstände die Entscheidung über ihre Verwendung persönlich zu treffen. Er erwägt dabei, Kunstwerke in erster Linie den kleineren Städten in Österreich für ihre Sammlungen zur Verfügung zu stellen.«[119]

[117] Diese zeitgenössische Bezeichnung wurde zwar nur inoffiziell neben »Neues Kunstmuseum Linz« oder »Kunstmuseum Linz« verwendet. Sie wird aber lt. Birgit Schwarz, Hitlers Museum, S. 11 verwendet, um Verwechslungen mit der nach dem Krieg gegründeten »Neuen Galerie Linz« zu vermeiden.

[118] Robert Oertel, Kustos der Dresdner Gemäldegalerie und als Mitarbeiter Posses für den Bestandskatalog des »Sonderauftrags Linz« verantwortlich, zitiert nach Schwarz, a.a.O, S. 23.

[119] zitiert nach Schwarz, a.a.O., S. 35f.

Dieser Erlass wurde zunächst dahingehend interpretiert, dass er nur für künftige Beschlagnahmungen gelten sollte. Am 2. Juli 1938 wurde die Anordnung deshalb auch auf bereits eingezogene Vermögen ausgeweitet. Damit war klargestellt, dass der Erstzugriff auch den in Wien beschlagnahmten bedeutenden Sammlungen von Louis und Alphons Rothschild galt, auf die Hitler ein Auge geworfen hatte.

Am 26. Juni 1939 beauftragte Hitler den langjährigen Direktor der Dresdner Gemäldegalerie Hans Posse mit dem Aufbau des neuen Kunstmuseums für Linz. Die hierfür vorgesehenen Kunstwerke sollten vor allem in den Luftschutzkellern des Führerbaus in München zusammengetragen werden. Am 5. Juli 1939 begann Posse im Führerbau mit der Auswahl für Linz, indem er zunächst die Sammlungen Hitlers begutachtete: »Kurz nach der Ernennung Posses führte ihm Hitler seine bisherigen Ankäufe einschließlich der Grützner-Sammlung in seinem Luftschutzkeller, wo er die Schätze verborgen hatte, vor. Sessel wurden für Posse, Hitler und mich herbeigeschafft und Bild nach Bild von der SS-Dienerschaft vorbeigetragen. Hitler lobte seine Lieblingsgemälde mit den geläufigen Prädikaten, aber Posse ließ sich weder durch Hitlers Position noch durch dessen bezwingende Liebenswürdigkeit beeindrucken. Sachlich und unbeeinflußbar lehnte er viele dieser kostspieligen Erwerbungen ab: ›Kaum brauchbar‹ oder ›Entspricht nicht dem Rang der Galerie, wie ich sie mir vorstelle.‹ Wie meist, wenn sich Hitler einem Fachmann gegenüber fand, nahm er die Kritik ohne Einwand hin. Immerhin verwarf Posse die meisten Bilder der von Hitler geliebten Münchener Schule.«[120]

Aus mehr als 750 Objekten suchte Posse etwa 140 Gemälde für das Führermuseum aus. Am 21./22. Juli 1939 arrangierte Posse eine »dicht zusammengedrängte«[121] Ausstellung seiner Linz-Auswahl in den beiden für diese Zwecke adaptierten Räumen im zweiten Obergeschoss, dem »Saal« und der »Bildergalerie«. Am 23. Juli 1939 besichtigte Hitler von 19.55–21.25 Uhr diese Auswahl. Weitere Ausstellungen wurden von Zeit zu Zeit arrangiert, im November 1940

[120] Speer, a.a.O., S. 194

[121] Bormann-Brief vom 24.7.1939; zitiert nach Schwarz, a.a.O, S. 41

wurde beispielsweise das großformatige dreiteilige Gemälde *Die Pest in Florenz* von Hans Makart aufgestellt[122].

Hitlers Sammlung bestand aus Gemälden, die er ursprünglich zur Ausstattung der Staats- und Parteibauten zusammengetragen hatte und die dort seiner persönlichen Repräsentation dienten. Spätestens seit Juni 1938 hatte er außerdem im Hinblick auf die von ihm zu stiftende Galerie Gemälde des 19. Jahrhunderts, aber auch Alte Meister gekauft. So ließ z.B. der Berliner Kunsthändler Franz Haberstock, der Hitler bereits mehrere Kunstwerke für seine Privatsammlung verkauft hatte, am 28. und 30. Juni 1938 zwei hochrangige Gemäldekonvolute in den Führerbau liefern: Gemälde des 19. Jahrhundert, z.B. von Hans Thoma[123] und Arnold Böcklin[124], und Alte Meister, u.a. von Peter Paul Rubens[125], Anton van Dyck[126] und Bellotto[127].

Unter der Leitung Posses wurden vor allem beschlagnahmte oder zwangsverkaufte jüdische Sammlungen systematisch nach exemplarischen Gemälden und Plastiken durchsucht. Dies betraf die Sammlungen der Rothschilds, Oskar Bondy und Graf Anton Lanckoronski aus Wien, Fritz B. E. Gutmann, Frits Lugt und Fritz Mannheimer aus den Niederlanden, J.J.M. Chabot aus Belgien, Adolphe Schloss aus Frankreich, L. Bernheimer, Alphonse Jaffé und Hans Fürstenberg aus Deutschland, aber auch Museen, Kirchen und Klöster in Deutschland und den eroberten Ländern sowie die Angebote des europäischen Kunstmarkts[128]. Das von Posse am 31. Juli 1940 erstellte erste »Verzeichnis der für Linz in Aussicht genommenen Gemälde« umfasste bereits 324 Werke. Es führte 107 der im Führerbau vorhandenen Objekte auf, 174 Werke stammten aus Wiener Beschlagnahmungen, 36 waren angekauft worden[129]. Die für Linz vorgesehenen Kunstwerke wurden nach und nach in 31 sog. »Führerkatalogen« mit Abbildungen regis-

[122] heute in der Sammlung Schäfer, Schweinfurt

[123] *Landschaft am Oberrhein mit Ochsengespann*

[124] *Geburt der Venus*

[125] Ölskizze *Der wunderbare Fischzug*

[126] *Jupiter und Antiope* und *Heilige Familie*

[127] *Der Zwingergraben in Dresden*, *Der Marktplatz in Pirna* und *Die Karlskirche in Wien*

[128] vgl. z.B. den Erwerb der Sammlung Otto Lanz, in Schwarz, a.a.O., S. 74

[129] a.a.O., S. 50.

triert[130]. Diese Alben wurden Hitler in regelmäßigen Abständen jeweils zu Weihnachten, zum Geburtstag und zum Jahrestag des gescheiterten Putsches vom 9. November 1923 überreicht. Nur 19 Bände sind erhalten geblieben. Insgesamt dürften die Alben ca. 1600 Kunstwerke erfasst haben. Die ersten 24 Bände geben einen Zwischenstand vom Frühjahr 1942 wieder.

Die Konzeption des Museums war folgende: Schwerpunkte[131] sollten die Alten Meister sowie die sog. Wiener und die Münchner Schule des 19. Jahrhunderts bilden; dazu wollte man Handzeichnungen und Druckgrafik, Plastiken, Kunsthandwerk und Waffen ausstellen sowie ein Münzkabinett und eine Bibliothek einrichten.

Hitler kam auch noch im Krieg mehrere Male in den Führerbau, um die Kunstwerke zu besichtigen und sich, wie Joachim Fest schreibt, »weitab von der Wirklichkeit, in ausgedehnten Kunstgesprächen zu verlieren«[132]. Die Ausstellungen für die Besichtigungen Hitlers und die Unterbringung der Kunstwerke wurden bis Dezember 1942 von Bormanns persönlichem Referenten, Dr. Kurt-Walter Hanssen organisiert, der im Zimmer neben Bormann[133] arbeitete. Seit Januar 1943 war hierfür Helmut von Hummel zuständig.

Aufbewahrt wurden die Kunstwerke nach wie vor in den Luftschutzkellern. Welch eine Vorstellung, dass hier Gemälde von Bellotto[134], Boucher[135], Breughel[136], Rembrandt[137], Ru-

[130] Vom 9. bis 16. August 1940 wurden zu diesem Zweck die Bestände des Führerbaus fotografiert. Der Fotograf Dr. Hausmann erhielt den Auftrag, die dabei entstandene Fotokartei laufend zu aktualisieren, vgl. Schwarz, a.a.O., S. 51. Spätestens seit Oktober 1944 war der Münchner Fotograf Rudolf Himpsl in den Kellern des Führerbaus tätig, vgl. Schwarz, a.a.O., S. 66.

[131] Zu den für Linz vorgesehenen Gemälden gehört auch eine *Madonna mit Kind* von Pinturicchio aus dem Besitz Alfred Pringsheims, die im Dezember 1942 in München »zu einem lächerlich geringen Schätzpreis« angekauft worden war; vgl. Schwarz, a.a.O., S. 57.

[132] Joachim Fest, Hitler, S. 726

[133] heute Zimmer 201

[134] u.a. *San Marco in Venedig*, heute Belgien Privatbesitz

[135] *Der schlafende Amor*, heute Österreich Privatbesitz

[136] Pieter Breughel d.J., *Kreuztragung*, heute in Maastricht, Bonnefantenmuseum

[137] u.a. *Selbstbildnis* (Bredius 62), heute Den Haag, Mauritshuis; *Bildnis des Ephraim Bonus*, heute Amsterdam, Rijksmuseum

bens[138], Ruisdael[139], Vermeer[140] und vielen anderen bedeutenden Malern lagerten! Waren im August 1940 990 »Gemälde und sonstige Kunstgegenstände im Führerbau« registriert[141], lagerten im Dezember 1942 dort bereits 2400 Gemälde und Skulpturen[142]. Eine zum Stichtag 23. September 1943 von Hans Reger, dem für Führerbau und Verwaltung der gelagerten Gemälde zuständigen Architekten aus dem Atelier Troost, vorgelegte »Aufstellung über vorhandene Gemälde und sonstige Kunstgegenstände im Führer-Bau«, umfasste bereits 3000 Inventarnummern. Nur ein Teil dieser Kunstwerke war für Linz vorgesehen. Der übrige Depotbestand sollte teils die österreichischen Provinzmuseen gegenüber der kulturellen Vorherrschaft Wiens stärken, teils sollten andere Museen in den eroberten Ostgebieten bedacht werden. Der »Führerbau« war aber nicht der einzige Ort, in dem Kunstwerke für das Linzer Museum gelagert wurden[143]. Seit Mai 1941 war z.B. auch das Stift Kremsmünster zum Lagerort bestimmt worden[144].

Dr. Gottfried Reimer, seit Oktober 1941 Stellvertreter Posses in allen Angelegenheiten des »Sonderauftrags«, führte nach dessen Tod am 7. Dezember 1942 die laufenden Geschäfte für einige Monate. Auch nach dem Amtsantritt von Hermann Voss im Frühjahr 1943 – bis dahin Direktor des Nassauischen Landesmuseums in Darmstadt –, blieb Reimer »der Hauptakteur«[145]. Zu den Beratern und Beschaffern Hitlers zählte spätestens ab 1943 auch der Generaldirektor der Bayerischen Staatsgemäldesammlungen Ernst Buchner[146]. Noch in den Jahren 1943 und 1944 wurden

[138] u.a. *Die Heiligen Gregor und Domitilla*, heute Berlin, Gemäldegalerie

[139] Jacob van Ruisdael, *Blick auf Harlem*, heute Privatbesitz Niederlande

[140] *Der Maler in seiner Werkstatt*, heute Wien, Kunsthistorisches Museum

[141] Schwarz, a.a.O., S. 51

[142] hierzu Birgit Schwarz, Der Bilderhort mit dem »F«, in: Frankfurter Allgemeine Zeitung vom 25.5.2001

[143] Birgit Schwarz, Hitlers Museum, S. 19

[144] a.a.O., S. 69

[145] a.a.O., S. 16

[146] hierzu Elisabeth Höfl-Hielscher, »Er half mit, Hitlers Gemälde-Depots zu füllen«, und Schwarz, a.a.O., S. 18. Der berühmte *Genter Altar*, der allerdings wohl nicht für das »Führermuseum« vorgesehen war, wurde von Buchner 1942 ins Schloss Neuschwanstein und 1944 in den Ausseer Salzberg gebracht (Schwarz, a.a.O., S. 18).

3000 Gemälde – davon ein Teil für Linz – erworben. Ungeachtet aller finanziellen Kriegsbelastungen wurden 150 Millionen Reichsmark dafür aufgewendet[147]. Der Erwerb von Kunstwerken ist bis Anfang April 1945 dokumentiert[148].

Mit der Sammlung wollte sich Hitler dem deutschen Volk und der ganzen Welt nach einem erfolgreich zu Ende geführten Krieg als »Kulturmensch« präsentieren. Noch in seinem privaten Testament, am 29. April 1945 kurz vor seinem Selbstmord verfasst, bezeichnete er die Realisierung der Linzer Galerie als seinen »herzlichsten Wunsch«[149].

Obwohl die Planungen weit fortgeschritten waren, blieb es bei der Idee. Die Kunstwerke wurden ab 1944 weitgehend in ein Salzbergwerk bei Bad Aussee verbracht, um sie vor Kriegseinwirkungen zu schützen. Dort wurden sie von den amerikanischen Soldaten im Mai 1945 aufgefunden und zur Feststellung der rechtmäßigen Eigentümer wieder nach München transportiert.

[147] Fest, a.a.O., S. 726
[148] Schwarz, a.a.O., S. 11
[149] a.a.O., S. 81

Kriegsende

Nach den ersten Bombenangriffen auf München im März 1943 wurde von August bis November 1943 ein großer Teil des Mobiliars der beiden Gebäude in die »Führerinnenschule des BDM« nach Greifenberg geschafft. Dieses Haus brannte – wohl mit dem Mobiliar – im Februar 1948 aus. Ein weiterer Teil der Möbel kam nach Schloss Steinach bei Straubing, das im April 1945 von der SS in Brand gesteckt wurde.

Es bedeutet eine Ironie der Geschichte, dass die beiden Haupt-Parteibauten zu den wenigen größeren Gebäuden im Münchner Stadtzentrum zählen, die den Krieg fast unbeschädigt überstanden haben. Das ist leicht zu erklären: Der Königsplatz war wegen des hellen Granitpflasters aus der Luft gut erkennbar. Die Parteibauten, sicher ein bevorzugtes Ziel, wären deshalb schnell zu identifizieren gewesen. Aus diesem Grund spannten die Nationalsozialisten Anfang 1943 große Tarnnetze über den Königsplatz, deren Bemalung eine dichte Bebauung, Baumgruppen und Straßenzüge vortäuschte[150]. Während die Münchner Innenstadt zu fast 90% zerstört wurde, blieben ausgerechnet »Führer- und Verwaltungsbau« und die »Ehrentempel« erhalten[151]. Nur das »Braune Haus« wurde 1944 von einer Bombe getroffen und brannte vollständig aus.

General Dwight D. Eisenhower ordnete im Juni 1945 an, die »Ehrentempel« umgehend zu entfernen. In fünf Sitzungen vom 25. Juni bis 27. Juli 1945 befasste sich der Bayerische Ministerrat unter Fritz Schäffer mit diesem Thema. Diverse Umnutzungsvorschläge wurden diskutiert und verworfen, z.B. der des Münchner Oberbürgermeisters Karl Scharnagl, die Sarkophage in Glocken umzuschmelzen und diese in den »Tempeln« aufzuhängen oder der des Kardinals Faulhaber, beide »Tempel« zu katholischen bzw. evangelischen Kirchen umzufunktionieren. Am 18. Dezem-

150 Abbildungen z.B. in Klaus Vierneisl (Hrsg.), Der Königsplatz, S. 62 und 63
151 Stimmen hierzu bei Rosenfeld, a.a.O., S. 156f.

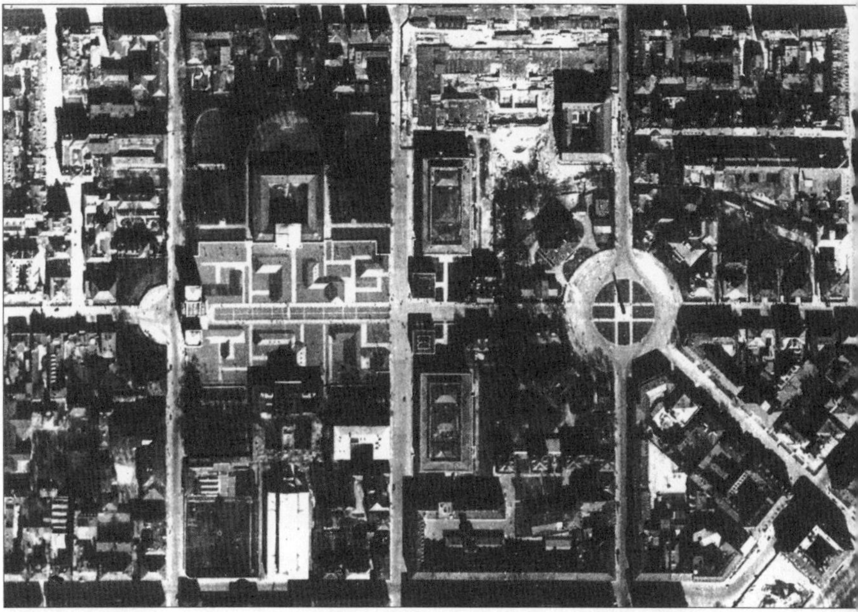

Der getarnte Königsplatz um 1944

ber 1946 beschloss das Kabinett Wilhelm Hoegner im Sinne der Militärregierung die Entfernung. Am 9. bzw. 16. Januar 1947 wurden die Pfeiler der »Ehrentempel« gesprengt. Die Sockel blieben allerdings erhalten. Ihre Sprengung wäre zu teuer gewesen und hätte die beiden NS-Gebäude gefährdet. Die 16 gusseisernen Sarkophage waren bereits 1945 auf amerikanischen Befehl verschrottet worden. 1956 wurden die auf der Ostseite befindlichen Stufen entfernt, so dass die Sockel heute von außen wie eine Mauer wirken. Die oberirdischen Innenräume der »Tempel« wurden 1957 mit Bäumen und Büschen bepflanzt. Längst sind sie selbst »Zeichen des Untergangs des NS-Terrorregimes und zugleich wirkliche Mahnzeichen für die zwölf verhängnisvollsten Jahre deutscher Geschichte«[152]. Den wenigsten dürfte dies jedoch bewusst sein. Im Sommer 2001 nahm das Landesamt

[152] Bäumler, a.a.O., S. XII

für Denkmalpflege die Rudimente der sog. Ehrentempel in die Denkmalliste auf. Pläne der Überbauung mit einem Anbau für die Hochschule für Musik und Theater und einem Neubau für die Ägyptische Sammlung, die noch 1991 intensiv verfolgt wurden, wurden damit hinfällig.

Der südliche Ehrentempel nach der Sprengung im Januar 1947.
Im Hintergrund die Ruine des »Braunen Hauses« und der »Führerbau«.

»Größter Bilderraub der Kunstgeschichte«[153]

Nach der weitgehenden Entfernung des Mobiliars 1943 blieben im »Führerbau« 723 in den Luftschutzkellern untergebrachte Gemälde zurück. Die letzten SS-Wachmannschaften flohen am 29. April 1945. Die amerikanischen Truppen sollten erst an den beiden kommenden Tagen in die Stadt einmarschieren. Es sprach sich offensichtlich in Windeseile in München herum, dass das Gebäude unbewacht sei: In der Nacht zum 30. April sowie am folgenden Tag plünderten »die Münchner« den Führerbau. Auch nachdem die Amerikaner den »Führerbau« bereits besetzt hatten, konnten die Massen weitgehend unbehelligt ihren Raubzug fortsetzen. Vermutlich hatten sie es vor allem auf die in den Vorratskammern gelagerten Lebensmittel-, Alkohol-

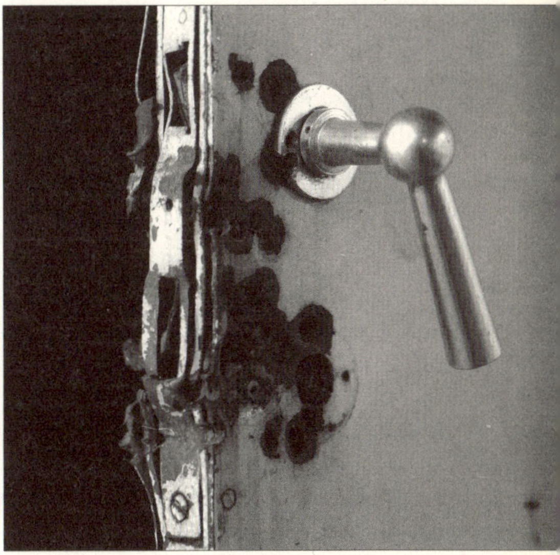

Spuren der Plünderung der Vorratskammern durch »die Münchner« am 29. und 30. April 1945.

153 Hierzu: A.S., »Kunstwerk in München aufgefunden«, in: Die Neue Zeitung vom 8.2.1946; Lembke, »Ein Spitzweg hing im Fundbüro – Größter Bilderraub der Kunstgeschichte«, in: Die Neue Zeitung vom 9. und 28.10.1948; Franz Obermaier, Aus Trümmern wächst das neue Leben, S. 19f.; Elisabeth Höfl-Hielscher, »1945 – Münchner auf Beutezug«, in: Süddeutsche Zeitung vom 5.5.2000.

und Zigarettenvorräte abgesehen. Einschusslöcher an der Tür zum Kartoffelkeller zeugen davon noch heute. Aber auch alles andere, was brauchbar erschien und transportabel war, wurde fortgeschleppt: Vorhänge, Teppiche, Bestecke, Restbestände der Möbel und Tischwäsche.

Schließlich stieß man im Luftschutzkeller auf die hinter Panzerfäusten verborgenen Gemäldelager. Rund 300 Alte Meister, von Canaletto bis Rembrandt, davon 259 fast ausschließlich niederländische Gemälde aus der von der Vichy-Regierung in Paris beschlagnahmten und im Dezember 1943 in den Führerbau verbrachten Sammlung »Schloss«, aber auch mindestens 350 Werke der »Münchner Schule« wurden nun in »Stuben, Speichern und Kellern versteckt«. Robert E. Lembke bezweifelt 1948 in einem Zeitungsartikel[154], dass auch nur einer der Plünderer ahnte, welchen Schatz er mit sich trug. So habe es Rembrandts gegeben, die sich in Fensterdichtungen, Jan Steens, die sich in Türfüllungen verwandelten. Keine Königin habe je auf einer kostbareren Decke gelegen als die blasenkranke Näherin, die sich später erinnert habe, eines der Bilder zurechtgeschnitten und über die Sprungfedern ihres Bettes geschoben zu haben. Zwanzig Zentimeter etwa, habe sie gemeint, habe sie abschneiden müssen, aber es sei ohnehin nur blauer Himmel gewesen. Von Ruysdael gemalt ... »Nicht Bomben konnten diesen unersetzlichen Schatz vernichten, nein, nur der Pöbel, der oft nicht kannte, was er wegnahm, raubte, vernichtete und verschleppte ... Es war der größte, aber auch der unsystematischste Bilderdiebstahl der Kunstgeschichte«[155], resümierte 1950 die »Treuhandverwaltung von Kulturgut bei der Oberfinanzdirektion München«. Die deutsche Polizei war aufgelöst, Staatsanwälte und Richter suspendiert. Die Militärpolizei unternahm zunächst nichts. Sie hatte mit der in der Münchner Kriminalgeschichte einmaligen Welle von Mord und Totschlag zu tun. Erst als die Plünderungen überhand nahmen, Kaufleute ihre Geschäfte verbarrikadierten und eine Hungersnot drohte, ging die Militärpolizei hart vor.

[154] Robert E. Lembke, a.a.O., 9.10.1948

[155] Zitiert nach Höfl-Hielscher, a.a.O.; die Bezeichnung als »der größte, aber auch der unsystematischste Bilderdiebstahl, den die Kunstgeschichte kennt«, stammt jedoch bereits von Robert E. Lembke, a.a.O., 9.10.1948.

Graffiti im Keller des »Führerbaus«: ein amerikanischer Soldat schildert die Stationen seines Einsatzes in Europa und hofft, Weihnachten 1945 wieder zu Hause zu sein.

Allmählich wurde auch die Münchner Polizei wieder aufgebaut. Im Dezember 1945 begann unter dem Leiter des Central Art Collecting Point, Edgar Breitenbach, die gemeinsame Suche nach den geraubten Kunstschätzen. Aufrufe zu freiwilliger Rückgabe führten bis Februar 1946 zur spontanen Ablieferung von 54 Bildern.

Bis Ende 1949 waren 130 Bilder der Plünderung wieder gefunden. Auffallend viele wurden in der Maxvorstadt entdeckt, unter Matratzen oder in Kartoffelkellern versteckt[156]. Zwanzig weitere tauchten in den folgenden Jahren auf. Fast 500 Gemälde sind bis heute verschollen[157].

[156] Iris Lauterbach, »Arche Noah« in: München arisiert (im Druck)

[157] vgl. hierzu: Schwarz, a.a.O., S. 93ff. mit zahlreichen entsprechenden Hinweisen. Dort werden 20 Gemälde aus den Fotoalben als »im April aus dem Führerbau gestohlen« bezeichnet.

Central Art Collecting Point (CCP[158]), Staatsarchiv und weitere Institutionen

Im Frühjahr 1945 planten die amerikanischen Besatzer unter General Patton, Oberbefehlshaber der 3. US-Armee, ihr Hauptquartier im »Führerbau« einzurichten. Noch im Mai 1945 fiel jedoch die Entscheidung, stattdessen die Rückführung der geraubten und enteigneten Kunstwerke, die vor allem im Salzbergwerk bei Altaussee verwahrt worden waren, über die Zwischenlagerung in »Verwaltungs-« und »Führerbau« abzuwickeln. Für die Sichtung und Feststellung der ursprünglichen Eigentümer richtete man in den Gebäuden die beiden Sammelstellen »Central Art Collecting Point (Gallery I)« bzw. »Gallery II« ein. »The palace of darkness became a castle of light«[159]. Hier wurden die Unterlagen über den Kunstbesitz der Nationalsozialisten aufbewahrt und bis März 1949 rund 250000 Kunstwerke aus Museen, Auslagerungsdepots und Privathäusern zusammengetragen und registriert. Zumindest ein Teil der Gemälde nahm also kurioser Weise den selben Weg über den Führerbau zurück zu seinen rechtmäßigen Eigentümern wie einige Jahre zuvor in umgekehrter Richtung.

Erster Leiter des CCP war Craig Hugh Smyth, der spätere Direktor des New Yorker Institute of Fine Arts. Ihm folgten Edgar Breitenbach, Frederick R. Pleasants, Edwin C. Rae, Herbert S. Leonard; schließlich Eberhard Hanfstaengl, seit 1945 Generaldirektor der Bayerischen Staatsgemäldesammlungen, und Stefan P. Munsing. Eingebunden waren auch zahlreiche deutsche Mitarbeiter, darunter Hans Konrad Roethel, der spätere Leiter des Lenbachhauses, und Wolfgang Lotz, später Leiter der Bibliotheca Hertziana in Rom, einem Institut der Max-Planck-Gesellschaft.

[158] hierzu ausführlicher Lauterbach, »Arche Noah« in: »München arisiert (im Druck).

[159] Omgus Weekly Information Bulletin 16.11.1948, S. 20, zitiert nach Lauterbach, »Arche Noah« in: »München arisiert (im Druck).

Die Instandsetzung der leicht beschädigten Gebäude lag in den Händen von Dieter Sattler, von 1947–1951 Staatssekretär im bayerischen Staatsministerium für Unterricht und Kultus. Die Fensterscheiben der Gebäude wurden schwarz angestrichen, um die Kunstwerke vor dem Sonnenlicht zu schützen. Im April 1947 übergab General Muller das nördliche Gebäude, die Gallery II, dem bayerischen Kultusministerium. Nach der Beendigung der Instandsetzungsarbeiten bezogen folgende Institutionen die Arcisstraße 12: das Bayerische Hauptstaatsarchiv mit dem Geheimen Staatsarchiv und dem Bayerischen Siegelkabinett[160], die Staatsbibliothek, das Institut für Bayerische Geschichte und das Institut für Rechtsgeschichte (im ehemaligen Wachzimmer im Erdgeschoss Nord-West). Im Herbst 1947 bzw. im Februar 1948 wurden Lesesäale eröffnet, die die Bestände dieser Einrichtungen wieder öffentlich zugänglich machten und den 20000 Münchner Studenten die Fortsetzung ihres Studiums ermöglichten – die Universitätsbibliothek war zerstört. Als die Amerikaner Anfang März 1948 jedoch erneut die Hälfte des Gebäudes beanspruchten, herrschte große Enge[161], die erst 1952 mit der Rückkehr der Staatsbibliothek in die alten Räume an der Ludwigstraße behoben werden konnte.

[160] … auf das Carl Amery: »Entsühnung«, in: Bürokratie und Kult, Teil II, S. 244 hinweist.

[161] hierzu Radioansprache vom April 1948 und Memorandum vom September 1948 von Dieter Sattler. Beide Manuskripte wurden freundlicher Weise von Dr. Christoph Peters, Amerika Haus München, zur Verfügung gestellt.

Amerika Haus

Am 12. Juli 1948 eröffnete das »Amerika Haus« im südlichen Teil des Gebäudes Arcisstraße 12 seine Pforten. Der bayerische Ministerpräsident Dr. Hans Ehard hielt aus diesem Anlass eine Rede, in der er auf die politischen und kulturellen Wechselwirkungen zwischen den USA und dem »Alten Europa« hinwies. In Bezug auf das Haus stellte er fest: »Der böse Geist ist aus diesen Mauern ausgetrieben«[162].

Von 1948 bis 1957 führte das Münchner Amerika Haus die Adresse Arcisstraße 12.

Die umfangreichen amerikanischen Militärbestände an Büchern, Zeitschriften und Schallplatten waren zuvor zweieinhalb Jahre erst am Beethovenplatz 1, dann in der Ludwigstraße und schließlich in der Sophienstraße 6 – die erste Adresse der Familie Pringsheim! – untergebracht, erweitert und öffentlich zugänglich gemacht worden. Dort war es jedoch zu eng geworden. In der Arcisstraße verfügte

[162] Das Redemanuskript wurde freundlicher Weise von Dr. Christoph Peters zur Verfügung gestellt.

man nun über insgesamt 32 Räume. Neben der Bibliothek wurden Film- und Theateraufführungen, Konzerte, Vorträge und diverse Kurse veranstaltet. Auf Hitlers Balkon wehte das Sternenbanner. Anstelle der Adler mit dem Hakenkreuz prangten über den beiden Haupteingängen Wappenschilder mit dem amerikanischen Seeadler.

Die Amerika Häuser in Deutschland entwickelten sich aus den 1946 von der Militärregierung für die deutsche Bevölkerung eingerichteten Bibliotheken. 1947 wurden sie Bestandteil eines weltweiten Programms. Aufgabe der deutschen Amerika Häuser[163] war es, interessierten Deutschen das Leben in den USA, die dortigen wissenschaftlichen und kulturellen Entwicklungen sowie die offiziellen politischen Ideale näher zu bringen. Man verstand sich nicht als regierungsamtliches Propaganda-Institut, sondern wollte wertfrei und offen informieren. Solche Einrichtungen wurden nun in allen größeren Städten der amerikanischen Besatzungszone eröffnet. Sie wurden von der Regierung der Vereinigten Staaten finanziert und unterstanden der US-Botschaft. Die Mittel stammten aus amerikanischen staatlichen Zuschüssen, aber aus dem Überschuss der von der Militärregierung herausgegebenen Zeitungen und Zeitschriften *Die Neue Zeitung*, *Heute* und *Welt im Film*. Ab November 1948 erhielten die Amerika Häuser Budgets, die aus dem von der amerikanischen Regierung zur Verfügung gestellten Reorientation-Fonds finanziert wurden. Seit 1949 unterstanden sie dem State Department, dem amerikanischen Außenministerium, das Münchner Haus in der regionalen Zuordnung bis Anfang 1952 dem Landeskommissar (1952 Dr. Oron J. Hale) und seit Mai 1952 dem Generalkonsulat. Erster Leiter des Münchner Amerika Hauses war Dr. Raymond J. Spahn (1945–1948); ihm folgten 1948–1949 Lambertus W. Wartena, 1949–1951 Stefan P. Munsing, 1951–1954 Ellen Taylor, 1954–1956 Clyde J. Hanna und 1956–1958 Elliott Taylor. Der Direktion des Münchner Amerika Hauses stand ein Beratungskomitee für die Planung

[163] Bis 1952 war die Zahl der Amerika Häuser auf 52 gestiegen. 1957 gab es noch 17 Häuser, 1974 nur noch acht. Vgl. Angela Möller, Die Gründung der Amerika Häuser, S. 144.

der Veranstaltungen zur Seite, dem mehrere Münchner Persönlichkeiten angehörten[164].

Das Münchner Amerika Haus entwickelte sich zum größten dieser Häuser[165]. 1949 beschäftigte es 55 Mitarbeiter, davon immerhin 29 deutsche: Bibliothekare, Sekretärinnen, Lehrer und Arbeiter für die Hausverwaltung. Dazu kamen 26 amerikanische Angestellte. Aus finanziellen Gründen musste das Personal allerdings später wieder reduziert werden. 1952 etwa waren 44 Mitarbeiter angestellt, 14 davon allein in der Bibliothek.

Der Lesesaal des Amerika Hauses befand sich in der ehemaligen Wandelhalle im 1. Stock (vgl. Abbildung S. 41).

Bereits nach einem knappen Jahr wurden im April 1949 97 606 Besucher gezählt[166]. Damit lag das Münchner Haus an der Spitze aller Amerika Häuser[167]. Insgesamt nutzten zwischen 1948 und 1957 mehr als 10 Millionen Besucher das kulturelle Angebot in der Arcisstraße 12. Rund 2000 Filmvorführungen,

[164] Dem Komitee gehörten lt. Broschüre »10 Jahre Amerika-Haus München« vom Dezember 1955 folgende Mitglieder an: Hildegard Brücher, MdL; Fritz Büchtger, Studio für Neue Musik; Franz Fendt, Landesverband für Erwachsenenbildung München; Anton Fingerle, Stadtschulrat; Edgar Hanfstaengl, Verleger; Adolf Hieber, Stadtrat; Eberhard Hölscher, Präsident des Verbandes deutscher Gebrauchsgraphiker; Walter Keim, Ministerialrat im Bayerischen Staatsministerium für Unterricht und Kultus; Helmut Kuhn, Direktor des Amerika-Instituts der Ludwig-Maximilians-Universität München; Franz Roh, Vorsitzender des Verbandes deutscher Kunstkritiker; August Rucker, Bayerischer Staatsminister für Unterricht und Kultus; Karl Witthalm, Direktor der Volkshochschule München.

[165] Benedikt Weyerer, Ein Platz für die Kontroverse

[166] Amerika Haus: Das Offene Fenster, Mai 1949, S. 3

[167] Möller, a.a.O., S. 102

65 Ausstellungen, 700 Konzerte und Theateraufführungen und ca. 1000 Vorträge und Diskussionsabende fanden in diesen neun Jahren statt. Der hierfür in der ehemaligen Versammlungshalle eingerichtete »Theatersaal« mit 600 Sitzplätzen wurde am 14. April 1949 von Murray D. Van Wagoner, Militärgouverneur von Bayern, von C.S. Wright, dem Chef der Amerika Häuser in Bayern und Oberbürgermeister Thomas Wimmer eingeweiht. Die Umbaumaßnahmen hatte das Landbauamt München unter dem Architekten Wrba durchgeführt. Die amphitheatralische Anlage reichte von den Rückwänden bis zur Bühne und senkte sich zur Mitte des Raumes hin etwa 2 m unter die eigentliche Fußbodenhöhe. Ein langgestrecktes Podium schloss die ganze Frontseite des Raumes ab und bildete mit einem in die Mitte des Raumes hineinreichenden, transportablen Podium die Bühne des Theaters[168]. Seine jetzige Gestalt erhielt der Konzertsaal 1957 (s.u.).

Eine umfangreiche Musikabteilung mit Schallplatten, Noten und Büchern sollte die Besucher in die Musik Amerikas einführen, aber auch die Möglichkeit bieten, alte und neue Meister aller Nationen kennen zu lernen[169]. Diesem Ziel diente auch das vielseitige Konzertprogramm. Das Angebot reichte vom Klavierabend über Kammermusik in den verschiedensten Besetzungen bis hin zu großbesetzten Orchesterwerken, enthielt Liederabende, Chorkonzerte der unterschiedlichsten Chorvereinigungen, Oper und auch Theater. Es musizierten Münchner Künstler und Kammermusikvereinigungen aus Münchner Klangkörpern, Studierende der Münchner und anderer deutscher und internationaler Hochschulen, Münchner Laien- und Berufsorchester, aber beispielsweise auch das Symphony Orchestra der 7th US Army. Zu den damals verpflichteten Künstlern gehörten beispielsweise Tibor Varga (mit Georg Solti am Klavier), das Koeckert- und das Juilliard-Quartett, Alfred Brendel (1950 als »der jüngste unter den österreichischen Nachwuchspianisten« vorgestellt), Geza Anda, Monique Haas und Christa Ludwig. Das Programm zeugt von der Bemühung um große inhaltliche wie stilistische Breite[170].

[168] Das Offene Fenster, a.a.O., S. 3
[169] L.v.S. in: Das Offene Fenster, Mai 1949, S. 5
[170] vgl. hierzu Anhang, S. 75–77

Die Bibliothek war täglich von 9.30 Uhr–20.30 Uhr geöffnet, die Ausleihe kostenlos. Der Lesesaal der Hauptbibliothek befand sich in der ehemaligen Wandelhalle im 1. Stock südlich der heutigen Bibliothek[171]. 1948 waren 21 % (!) der Bibliotheksnutzer weiblich, 65 % Jugendliche[172]. Von Beginn an gab es auch eine spezielle Kinder- und Jugendbibliothek, die zunächst in zwei Räumen, dann wegen des großen Andrangs in vier Räumen untergebracht wurde – zu denen der heutige Raum 144 gehört. Seit dem 2. Mai 1949 bot das Amerika Haus auch eine Blindenbibliothek an[173]. Zahlreiche Ausstellungen, Vorträge und Lesungen zu einer großen Fülle unterschiedlichster Sujets rundeten das kulturelle Angebot ab[174].

Am 13. Mai 1957 bezog das Amerika Haus sein neues Gebäude am Karolinenplatz 3.

Ein literarisches Denkmal setzte Wolfgang Koeppen der Arcisstraße 12: Sein bedeutender Roman *Tauben im Gras* spielt teilweise im Amerika Haus. Der dort geschilderte, literarisch verfremdete Vortrag von Mr. Edwin fand tatsächlich statt: In der Woche vom 14. bis 20. November 1949 hielt T. S. Eliot, das kaum verhüllte Vorbild für Edwin, einen Vortrag über »The Idea of a European Society«. Koeppen schildert den Königsplatz als »den großen Platz, eine von Hitler entworfene Anlage, die als Ehrenhain des Nationalsozialismus geplant war«[175].

»Das Amerikahaus, ein Führerbau des Nationalsozialismus ... sah, aus seinen symmetrisch aneinander gereihten Fenstern in die Nacht leuchtend, wie gewisse Museen aus, wie ein kolossales Grabmal der Antike, wie ein Bürogebäude, in dem der Nachlaß der Antike verwaltet wird ...«[176] Im Lesesaal des Amerika Hauses verbringt Schnakenbach, einer der Protagonisten des Romans, schlafend den Nachmittag. »Der Lesesaal übte eine ungeheure Anziehungskraft auf Obdachlose, Wärmeschinder, Sonderlinge und Naturmenschen aus. Die Naturmenschen kamen

[171] Der Raum wurde 1957 in mehrere kleine Räume unterteilt.

[172] Möller, a.a.O., S. 105

[173] Bibliothekar der Blindenbibliothek war 1949 Alfons Staudter.

[174] Vgl. hierzu den Anhang, S. 78ff.

[175] Wolfgang Koeppen, *Tauben im Gras*, S. 158

[176] a.a.O., S. 204

barfuß, in handgewebtes Linnen gehüllt, mit langem Haupthaar und wildem Bart. Sie verlangten Werke über Hexen und böse Blicke, Kochbücher über Rohkostspeisen, Broschüren über das Leben nach dem Tode und über die Übungen indischer Fakire, oder sie vertieften sich in die letzten Veröffentlichungen der Astrophysik. Sie waren kosmologische Geister und knabberten Wurzeln und Nüsse. Die Bibliothekarin sagte: ›Ich warte immer, daß sich einer bei mir die Füße wäscht; aber sie waschen sich nie.‹ Die Amerikanische Bibliothek war eine herrliche Einrichtung. Ihre Benutzung war völlig kostenlos. Die Bibliothek stand jedermann offen, ... Schnakenbach schlief. Während er schlief, füllte sich der große Vorlesungssaal des Hauses ... Edwins Vortrag war ein gesellschaftliches Ereignis ... Sie alle waren an Europas Geist interessiert.«[177]

Anschaulich wird nun der Verlauf des Vortrags geschildert, der darunter leidet, dass zunächst die Mikrophonanlage ausfällt und dann die Zuhörer mit Verständnisschwierigkeiten und Müdigkeit kämpfen. Nach dem Vortrag flieht Edwin. Er »hatte sich aller Gesellschaft entzogen, wie ein alter Aal hatte er sich allen Einladungen entwunden, auch der Heimfahrt im Konsulatswagen war er entkommen; über die Treppen des Amerikahauses, die breiten Marmorstufen des Führerbaus, war er in die Nacht, in die Fremde und in das Abenteuer entwischt.«[178]

[177] a.a.O., S. 172ff.
[178] a.a.O., S. 207

Hochschule für Musik

12 Jahre nach dem Krieg schlug dann die Stunde der Musikhochschule. Ein Luftangriff im Jahre 1944 hatte das berühmte Odeon am Odeonsplatz zerstört, in dem Hochschule und ihre Vorläuferinstitute in den ersten 100 Jahren untergebracht waren. Seit 1944 fehlte der Hochschule eine adäquate Unterkunft. Der Unterricht hatte an mehreren Orten provisorisch stattgefunden: Zunächst im Maximilianeum, in das bald aber der Landtag einzog, danach in der Stuckvilla an der Prinzregentenstraße, die viel zu klein war, und in einem älteren Haus in Grünwald in der Gabriel-von-Seidl-Straße 41, der Villa des Grafen Larisch.

Im Sommer 1957 bezog die Musikhochschule das Gebäude Arcisstraße 12. Die ehemaligen Büroräume, die Wandelhalle, der Speisesaal und die Galerieräume wurden zu Übe- und Unterrichtszimmern, die »Große Halle«, der spätere »Theatersaal« des Amerika Hauses nach einem größeren Umbau zum Konzertsaal mit rund 600 Plätzen und einer Orgel. Die Bar und das Rauchzimmer dienen heute als Bibliothek, der Rektor residiert in Martin Bormanns Zimmer und in Hitlers Arbeitszimmer finden neben Ensemble-Unterricht und Vorlesungen auch kleinere Empfänge und Seminare statt. Der nach wie vor repräsentative Charakter des Raumes lockt immer wieder Filmschaffende auf der Suche nach geeigneten »Locations« an. Die Geschichte des Raumes interessiert meist nur am Rande.

Das Kellergeschoss ist weitgehend original erhalten geblieben. Ein Teil der alten Luftschutzkeller dient als Archiv für die Studenten- und Lehrerakten; in einen der unterirdischen Gänge hat sich ein Vorgänger des jetzigen Hausmeisters eine vollautomatische Kegelbahn eingebaut.

Die Hochschule für Musik und Theater München, wie sie seit 1998 heißt, bietet heute etwa 900 Studenten aus aller Welt eine Ausbildung in sämtlichen Orchesterfächern, Gesang, Klavier, Orgel, Schlagzeug, Schulmusik, Musikwissenschaft, Komposition (auch Komposition für Film und Fernsehen), Dirigieren, Kirchenmusik.

Die Arcisstraße 12 heute

Die Studiengänge Schauspiel, Regie, Opernschule, Musical, Lichtgestaltung und Maskenbildnerei finden im Rahmen des Kooperationsmodells Bayerische Theaterakademie »August Everding« im Prinzregententheater statt. Die Ballettakademie befindet sich zusammen mit der Heinz-Bosl-Stiftung im ehemaligen Trambahndepot in der Wilhelmstraße.

Aber auch diese Räume reichen längst nicht aus. Seit 1999 verfügt die Hochschule über ein weiteres Gebäude, Luisenstraße 37a/Ecke Gabelsbergerstraße. Dieses Gebäude soll nach der Herrichtung die Schlagzeugklassen, die Schulmusikstudenten und die Blechbläser mit dem »Jan-Koetsier-Studio« aufnehmen.

Konzerte, Vortragsabende, Opern, Schauspiel- und Ballettaufführungen mit über 300 Veranstaltungen jährlich machen die Arcisstraße 12 heute *wieder* zu einem bedeutenden kulturellen Treffpunkt Münchens. Seit 1957 betreiben die Lehrer und die Studierenden der Hochschule für Musik und Theater »Exorzismus durch Musik«, wie es der ehemalige Rektor, Prof. Robert M. Helmschrott, einmal nannte. Die Aggression, die vom Führerbau ausging, wurde durch die Frieden stiftende Musikausbildung junger Menschen aus aller Welt ersetzt – eine ideale Lösung für die Nutzung eines solcherart »belasteten« Gebäudes.

Erstaunlich ist nach wie vor, wie wenigen Münchnern die Geschichte des Hauses Arcisstraße 12 bekannt ist. In den Schulen wurde bis vor wenigen Jahren nichts darüber berichtet. Erst mit der überaus verdienstvollen Fotodokumentation »Bürokratie und Kult« von Ulrike Grammbitter und Iris Lauterbach von Oktober 1995 bis Februar 1996 im Zentralinstitut für Kunstgeschichte wurde die braune Vergangenheit ins Gedächtnis zurückgerufen. »Auch Täterorte müssen in unserem Stadtbild präsent bleiben. Ohne Täter hätte es keine Opfer gegeben«, schreibt Julian Rosefeldt in der anlässlich der Ausstellung erschienenen Publikation. Heute erinnert vor allem eine von Julian Rosefeldt und Piero Steinle initiierte Informationstafel an der Ecke Arcisstraße/Brienner Straße an das Parteizentrum am Königsplatz. Die Diskussion um ein Dokumentationszentrum schleppt sich seit Jahren dahin. Nicht einmal an die schändliche Bücherverbrennung am 10. Mai 1933 auf dem Königsplatz wird dauerhaft erinnert.

Verzeichnis der verwendeten Literatur

Amerika Haus (Hrsg.): Das Offene Fenster. Nachrichten aus dem Amerika-Haus München, Mai 1949

Amerika Haus (Hrsg.): 10 Jahre Amerika Haus München, München 1956

Carl Amery: Entsühnung, in: Bürokratie und Kult, Teil II

Karl Arndt: Paul Ludwig Troost als Leitfigur der nationalsozialistischen Repräsentationskultur, in: Bürokratie und Kult, Teil I

Bezirksausschuss Maxvorstadt (Hrsg.): NS-Dokumentationszentrum am Königsplatz (erstellt von Klaus Bäumler), München 2002

Richard Bauer: Maxvorstadt, München 1995

Bürokratie und Kult. Das Parteizentrum der NSDAP am Königsplatz in München, Teil I, hrsg. von Iris Lauterbach, mit Beiträgen von Wolf Tegethoff, Hans Lehmbruch, Annette Philp, Ulrike Grammbitter, Bernhard Schäfer, Eva von Seckendorff, Karl Arndt, Iris Lauterbach, Willibald Sauerländer, Florian Zimmermann, Winfried Nerdinger, München, Berlin 1995

Bürokratie und Kult. Das Parteizentrum der NSDAP am Königsplatz in München, Teil II, hrsg. von Julian Rosefeldt und Piero Steinle, mit Beiträgen von Piero Steinle, Julian Rosefeldt, Manfred Sack, Carl Amery, Hans-Michael Herzog, Gottfried Knapp, Hans-Günter Richardi, Richard Chaim Schneider, Christoph Hackelsberger, Hans Ernst Mittig, Christoph Sattler und Norbert Huse, Wolfram Kastner, München, Berlin 1995

Roland Burlisch: Alfred Pringsheim, der Mathematiker, in: Hanno-Walter Kruft: Alfred Pringsheim, Hans Thoma, Thomas Mann. Eine Münchner Konstellation, München 1993

Enno Burmeister: Das Palais Carl von Fischer in München, in: Arx 1/1986, S. 129–134

Hermann Ebers: Erinnerungen an Kindheit, Schulzeit und Studium, in: Alexander Krause: Thomas Mann und Hermann Ebers, München 2005 (in Vorbereitung)

Hermann Ebers: Begegnungen mit bedeutenden Dichtern und Schriftstellern, in: Alexander Krause: Thomas Mann und Hermann Ebers, München 2005 (in Vorbereitung)

Joachim C. Fest: Hitler. Eine Biographie, Berlin 1973

Maximiliansgymnasium München (Hrsg.): 125 Jahre Maxgymnasium, München 1974

Karl Fiehler (Hrsg.): München baut auf, München ca. 1937/38

Horst Fuhrmann: Vom Reichtum des Alfred Pringsheim, in: Hanno-Walter Kruft: Alfred Pringsheim, Hans Thoma, Thomas Mann. Eine Münchner Konstellation, München 1993

Ulrike Grammbitter: Das »Parteiviertel« der NSDAP in München, in: Bürokratie und Kult, Teil I

Ulrike Grammbitter: Vom »Parteiheim« in der Brienner Straße zu den Monumentalbauten am »Königlichen Platz«, in: Bürokratie und Kult, Teil I

Katharina Hantschmann: Die Majolikasammlung des Bayer. Nationalmuseums und die Sammlung Pringsheim, in: Silvia Glaser (Hrsg.): Italienische Fayencen der Renaissance, Nürnberg 2004

Alexander Heilmeyer: »Das Führerhaus in München«, in: Die Kunst im Dritten Reich, Oktober 1938, Ausgabe A, S. 296ff.

Dirk Heißerer: »Das Bild des Soldaten bei Thomas Mann«. Vortrag in der Fernmeldeschule und Fachschule des Heeres für Elektrotechnik, Feldafing am 4.2.2002, München 2002

Dirk Heißerer: Thomas Manns »Villino« in Feldafing am Starnberger See, München 2001

Dirk Heißerer: Wo die Geister wandern. Eine Topographie der Schwabinger Bohème um 1900, München, [2]1996

Wolfgang Höbel: »Unter uns«, in: Magazin der Süddeutschen Zeitung vom 18.2.1994 (mit Fotos von Julian Rosefeldt und Piero Steinle)

Elisabeth Höfl-Hielscher: »1945 – Münchner auf Beutezug«, in: Süddeutsche Zeitung vom 5.5.2000

Elisabeth Höfl-Hielscher: »Er half mit, Hitlers Gemälde-Depots zu füllen«, in: Süddeutsche Zeitung vom 27.10.2000

Kirsten Jüngling und Brigitte Roßbeck: Katia Mann. Die Frau des Zauberers, München 2003

Inge und Walter Jens: Frau Thomas Mann, Hamburg 2003

Wolfram Kastner: Die ordentliche Begrünung der Geschichte. Einige unordentliche Anmerkungen zum Königsplatz in München, in: Bürokratie und Kult, Teil II

Katalog Nachlaß Adolf von Beckerath Berlin zur Versteigerung Nr. 1755 des Auktionshauses Lepke 1916

Wolfgang Koeppen: Tauben im Gras, Stuttgart 1951

Hanno-Walter Kruft: Alfred Pringsheim, Hans Thoma, Thomas Mann. Eine Münchner Konstellation. Mit Beiträgen von Roland Burlisch und Horst Fuhrmann, München 1993

Klaus A. Lankheit: »Der Obersalzberg« in: Die tödliche Utopie. Bilder, Texte, Dokumente, Daten zum Dritten Reich, hrsg. von Horst Möller, Katalog des Dokumentationszentrums Obersalzberg, München [3]2001

David Clay Large: Hitlers München. Aufstieg und Fall der Hauptstadt der Bewegung, München 1998

Iris Lauterbach: »Arche Noah«, in: »München arisiert«, Veröffentlichung der Koordinierungsstelle für Kulturverluste, Bd. 3 (im Druck)

Hans Lehmbruch: »So wirkte Sckell«, in: Iris Lauterbach (Hrsg.), Friedrich Ludwig von Sckell, Worms 2002

Robert E. Lembke: »Ein Spitzweg hing im Fundbüro – Größter Bilderraub der Kunstgeschichte«, in: Die Neue Zeitung vom 9. und 28.10.1948

Peter Longerich: Hitlers Stellvertreter. Führung der Partei und Kontrolle des Staatsapparates durch den Stab Hess und die Parteikanzlei Bormann, München, London, New York, Paris 1992

Katia Mann: Meine ungeschriebenen Memoiren, Frankfurt a. M. 1974

Klaus Mann: Der Wendepunkt. Frankfurt 1952

Thomas Mann: Tagebücher 1933–1934, hrsg. von Peter de Mendelssohn, Frankfurt a. M. 1977

Thomas Mann – Heinrich Mann, Briefwechsel 1900–1949, hrsg. von Hans Wysling, Frankfurt a. M. 1984

Thomas Mann: Gladius Dei, in: Thomas Mann, Die Erzählungen, (TB-Ausgabe) Frankfurt a. M. 1975

Thomas Mann: Wälsungenblut, in: Thomas Mann, Die Erzählungen, (TB-Ausgabe) Frankfurt a. M. 1975

Rudolf Martin: Jahrbuch des Vermögens und Einkommens der Millionäre in Bayern, Berlin 1914

Peter de Mendelssohn: Der Zauberer. Das Leben des deutschen Schriftstellers Thomas Mann, Frankfurt a. M. 1996

Angela Möller: Die Gründung der Amerika Häuser, München 1984

Münchner Stadtmuseum: Ausstellungskatalog München – »Hauptstadt der Bewegung«, Redaktion Ulrike Haerendel und Bernadette Ott, München 1993

Winfried Nerdinger (Hrsg.): Bauen im Nationalsozialismus. Katalog zur Ausstellung des Architekturmuseums der Technischen Universität München und des Münchner Stadtmuseums, München 1993

Franz Obermaier: Aus Trümmern wächst das neue Leben, München 1949

Kurt Pätzold und Manfred Weißbecker: Geschichte der NSDAP 1920–1945, Köln 2002

Oskar Perron: »Alfred Pringsheim«, in: Jahrbuch der Bayerischen Akademie der Wissenschaften 1944–48, S. 187ff., München 1948

Alfred Pringsheim: Richard Wagner und sein neuester Freund. Eine Erwiderung auf Herrn Dr. Gotthelf Häblers »Freundesworte«, Leipzig 1873

Klaus Pringsheim: »Ein Nachtrag zu ›Wälsungenblut‹«, in: Betrachtungen und Überblicke. Zum Werk Thomas Manns, hrsg. von Georg Wenzel, Berlin, Weimar 1966

Friedrich Prinz (Hrsg.): Trümmerzeit in München, Münchner Stadtmuseum, München 1984

Jörg Rasmussen: Die Majolikasammlung Alfred Pringsheim in den Schriften Thomas Manns, Jahrbuch des Museums für Kunst und Gewerbe Hamburg, Bd. 2, 1983

Gavriel D. Rosenfeld: Architektur und Gedächtnis. München und Nationalsozialismus – Strategien des Vergessens, München, Hamburg 2004

Bernhard Schäfer: Die Dienststellen der Reichsleitung der NSDAP in den Parteibauten am Münchner Königsplatz, in: Bürokratie und Kult, Teil I

Bernhard Schäfer: Das Münchner Abkommen, in: Bürokratie und Kult, Teil I

Albert von Schirnding: Thomas Mann, seine Schwiegereltern Pringsheim und Richard Wagner, in: Themengewebe – Thomas Mann und die Musik, München 2001

Paul Schmidt: Statist auf diplomatischer Bühne 1923–45, Bonn 1954 ([1]1949)

Birgit Schwarz: »Der Bilderhort mit dem ›F‹«, in: Frankfurter Allgemeine Zeitung vom 25.5.2001

Birgit Schwarz: Hitlers Museum. Die Fotoalben Gemäldegalerie Linz. Dokumente zum »Führer-Museum«, Wien, Köln, Weimar 2004

Eva von Seckendorff: Monumentalität und Gemütlichkeit. Die Interieurs der NSDAP-Bauten am Königsplatz, in: Bürokratie und Kult, Teil I

Lorenz Seelig: Die Münchner Sammlung Alfred Pringsheim – Versteigerung, Beschlagnahmung, Restitution, in: »München arisiert«, Veröffentlichung der Koordinierungsstelle für Kulturgutverluste, Bd. 3 (im Druck)

Albert Speer: Erinnerungen, Frankfurt/M., Berlin, Wien 1969

Klaus Vierneisel (Hrsg.): Der Königsplatz 1812–1988, München 1988

Bruno Walter: Thema und Variationen. Erinnerungen und Gedanken, Stockholm 1947

Gustav Wenng: Topographischer Atlas von München 1849/51, Nachdruck 2002, mit Begleitband Franz Schiermeier, Klaus Bäumler: Ein Bild der Stadt. Der Kartograph Gustav Wenng und sein Topographischer Atlas von München, Bezirksausschuss Maxvorstadt (Hrsg.), München 2002

Benedikt Weyerer: »Ein Platz für die Kontroverse«, in: Süddeutsche Zeitung vom 1.9.2000

Hans-Rudolf Wiedemann: Thomas Manns Schwiegermutter erzählt oder lebendige Briefe aus großbürgerlichem Hause, Lübeck, [3]1988

Christian Zentner (Hrsg.): Adolf Hitlers »Mein Kampf«. Eine kommentierte Auswahl, München 1974

Anhang

Konzerte im Amerika Haus 1948–1957 (in Auszügen)

Die Fülle der Veranstaltungen des Amerika Hauses von 1948–1957 komplett zu dokumentieren, sprengt den hier gegebenen Rahmen. Die folgenden Ausführungen auf Grund der Programmhefte des Amerika Hauses mögen jedoch einen Eindruck von der Breite des Gebotenen vermitteln.

1948

12.9. Das Internationale Symphonie-Orchester unter Zanko P. Zankow

2.11. Münchener Madrigalchor unter Werner Berkenkamp

4.12. Rundfunkchor und Solisten unter Robert Seiler

28.12. Lydia Buschmann (Alt) und das Münchener Kammertrio (Elisabeth Schwarz, Erich Keller, Hans Braun)

1949

15.1. Herchenhan-Quartett der Münchener Philharmoniker und August Soldner (Klarinette)

22.1. Helge Dippolt (Harfe), Lu Lehnstaedt (Flöte), Elisabeth Bischoff (Violine), Valentin Haertl (Viola), Bernhard Walter (Violine), Fritz Kisskalt (Cello)

28.1. Annelies Kupper (Sopran), Hanne Münch (Mezzosopran), Valentin Haertl-Quartett, Karl Schleifer (Klavier)

24.2. Michael Schmid-Quartett und Alfred Zehelein (Diskussion über zeitgenössische Musik)

5.3. Fritz Bender (Bariton) und Wolfgang Sawallisch (Klavier)

26.3. Heinrich-Schütz-Kreis unter Michael Schneider mit Li Stadelmann (Cembalo) und Hans Helmut Hahn (Bass)

26.4. Josef Suder (Klavier), K. Schmid (Alt), Fr. Kelch (Bariton), Ed. Forster (Violine), Ph. Haass (Viola), O. Uhl (Cello)

28.4. Karl Höller und das Koeckert-Quartett

17.5. Bläservereinigung des Bayer. Staatsorchesters mit Udo Dammert (Klavier) und Walther Theurer (Flöte)

14.6. Orchester Kurt Graunke und Philipp Schiede (Cello)

28.6. Mechthild Brem (Gesang), Fritz Büchtger (Klavier) und Rudolf Bach (Ansprache)

31.10. Michael Mann (Sohn Thomas Manns; Viola) und Walter Kempfel (Klavier)

4.11. Münchner Trio: Franz Dorfmüller, Hans König, Fritz Kisskalt in Anwesenheit der Witwe Max Regers
12.11. Wulf von Lochner (Bass) und Mark Lothar (Klavier)
10.12. Jugendchor des Bayerischen Rundfunks unter Dietrich Amende mit Rosemarie Haaf (Klavier)
10.12. Anita Heyden, Peter Paul Althaus, Hans Quitschorra und Heinz Greul (Klavier)
13.12. »Wilde Gungl« unter Heinrich Knappe mit Karoline Kraus (Violine)

1950

25.1. Tibor Varga (Violine) und Georg Solti (Klavier)
25.2. Rosina Walter-Trio: Rosina Walter (Klavier), Ludwig Baier (Violine), Kurt Engert (Violoncello)
18.3. Bruno Lenz (Violine) und Wolfgang Sawallisch (Klavier)
23.4. Münchener Bläser-Quintett der Staatsoper München mit Wolfgang Ruoff
2./6.5. Orchester Kurt Graunke mit Helmut Hidegheti (Klavier)
11.7. Alfred Brendel (»der jüngste unter den österreichischen Nachwuchspianisten«)
29.10. Andor Foldes (Klavier)
14.11. Mechtild Brem (Gesang) und Fritz Büchtger (Klavier)
3.12. Alfred Brendel (Klavier)
5.12. Fritz Büchtger

1951

30.01. Raba-Trio
13.3. Yaltah Menuhin (Klavier) und Michael Mann (Viola)
13.4. Kammerorchester der Hochschule für Musik unter Heinrich Knappe mit Adele Lorenz (Klavier), Rosemarie Haaf (Klavier), Karl Bobzien (Flöte), Monika Dudel (Violine), Peter Blaumer (Viola), Friedwart Blume (Cello)
21.4. Orchester Kurt Graunke und Joachim Dräger (Viola)
2.5. Vogelweiser Chor und Mozarteum Orchester unter Robert Wagner
4.5. Chor und Orchester des Bayerischen Rundfunks unter Joseph Kugler
5.6. Orchester der Hochschule für Musik unter Christoph v. Dohnanyi und Günther Grandinger mit Hanni Feilmeier
12.6. Orchester der Hochschule für Musik unter Georg Zettel, Fr. Ebert und Alfred Walter mit Irmgard Seemann und Marianne Mayr
19.6. Orchester der Hochschule für Musik unter Kurt Liebl mit Hanna Scholl, Richard Kogel, Ther. Fackler, H. Kitzinger, Jos. Przemek und Erich Appel (Klavier)
26.6. Orchesterverein »Wilde Gungl« unter Heinrich Knappe mit Elisabeth Schwarz (Klavier)
19.9. Köckert-Quartett und Christa Ludwig (Mezzosopran)
24.9. Juilliard-Streichquartett: Robert Mann und Robert Koff (Violine), Raphael Hillyer (Viola), Arthur Winograd (Cello)

26.9. Mitglieder des Orchesters des Bayerischen Rundfunks
28.9. Mitglieder des Bayerischen Staatsoper-Orchesters unter Rudolf Albert
29.9. Anneliese Kupper (Sopran), Eric Then Bergh (Klavier), P. v. Schilhavsky (Klavier) und Rudolf Nell (Bratsche)
23.10. Gerhard Seitz (Violine) und Wolfgang Sawallisch (Klavier)
9.11. Hanna Scholl (Sopran), Anita Beier (Alt), Richard Kogel (Bass-Bariton) und Robert Gundlach (Klavier)
17.11. Koeckert-Quartett
20.11. Hermann von Beckerath (Cello) und Hans Altmann (Klavier)
14.12. Andor Foldes (Klavier)

1952

11.1. Streichquartett der Münchener Philharmoniker: Fritz Sonnleitner (Violine), Ludwig Baier (Violine), Siegfried Meinecke (Viola) und Fritz Kiskalt (Cello)
18.1. Rosina-Walter-Trio: Rosina Walter (Klavier), Ludwig Baier (Violine) und Kurt Engert (Cello)
1.3. Münchner Kammerorchester unter Christoph Stepp
15.3. Werner Egk (Sprecher) und das Streichquartett der Münchner Philharmoniker unter Sonnleitner
27.5. Orchester der Staatlichen Hochschule für Musik unter Robert Heger mit Hanna Scholl (Sopran) und Julie Rast (Violine)
14.8. US 7. Army Symphony Orchestra unter Samuel H. Adler
24.9. Münchener Domchor unter Monsignore L. Berberich
12.11. Ingrid Haebler (Klavier) und Alexander Jenner (Klavier)
21.11. Orchester Kurt Graunke und die Singgemeinschaft Lamy mit Helma Panke (Sopran), Hanne Münch (Alt), Lorenz Fehenberger (Tenor) und Franz Kelch (Bass-Bariton)

1953

27.2. Orchester des Bayerischen Rundfunks unter Jan Koetsier
1.9. Akademie-Orchester der Internationalen Sommer-Akademie des Mozarteum Salzburg

1954

15.2. Liederabend der Hochschule für Musik mit Hans Altmann (Klavier)
19.11. Michael Mann (Viola) und Wolfgang E. Ebner (Klavier)
23.11. Orchester Kurt Graunke und Robert Wallenborn (Klavier)

1955

08.03. Münchener Kammerchor unter Franz Arnold
04.04. Streichquartett der Münchener Philharmoniker: Fritz Sonnleitner (Violine), Ludwig Baier (Violine), Siegfried Meinecke (Bratsche), Fritz Kiskalt (Violoncello) und Karl Strobel (Flöte)
22.11. Hermann von Beckerath (Violoncello) und Hans Altmann (Klavier)

1956

28.06. Orchester Kurt Graunke mit Michael Mann (Viola)

Ausstellungen im Amerika Haus 1948–1957 (in Auszügen)

1948

Japanische Jugendbücher
Hinterglasmalerei

1949

Die Berliner Luftbrücke
Andre Masson
Gegenstandslose Malerei in Amerika
Fotos von Alfred Stieglitz

1950

Frühe Kunst Amerikas
Moderne Skulptur in Amerika
Robert Flaherty
Josef Scharl

1951

Louis Sullivan
Indianisches Kunsthandwerk
Moderne englische Zeichnungen und Aquarelle
ZEN 49 Zeitgenössische Deutsche Abstrakte Kunst
Drei Künstler aus Österreich: van Ripper, Leinfelder und Bertoni
Richard J. Neutra baut

1952

Kunst der Südsee
Contemporary British Lithographs (u.a. Henry Moore)
Gebrauchsgraphik von Josef Müller-Brockmann
Zeichnungen von Feruccio Steffanutti
Jan Schoenhoven, ein holländischer Künstler
Walter Gropius
Moderne Photographie – Rolf Tietgens, New York
Italienische Photographie
NATO
Der Bildhauer Wolfgang Behl
Carl Schurz

1953

Textilien aus USA
Die Kunst Afrikas
Moderne internationale Graphik
Moderne Norwegische Graphik
Mies van der Rohe und Gropius –
Ein Weg zur Einheit Künstlerischen Gestaltens

Mehr – Billiger – Schneller.
Ausstellung über die Entwicklung des Automobils
Historische Fotografie – Werke des Lichtbildners Dr. h.c. Heinrich Kühn
Die Gebrüder Wright – 50 Jahre Motorflug

1954

Amerikanische Graphik aus zwei Jahrhunderten
Mit George Catlin bei den Indianern (Gemälde)
Die Indianer Nordamerikas

1955

Amerikanische primitive Malerei
(Laienmalerei vom 17. Jahrhundert bis heute)
Richard Neutra
Das New York City Ballett
10 Jahre UN
Geschichte und Kultur der nordamerikanischen Indianer
Atomforschung
NATO 1955

1956

Amerikanische Universitäten
Musik in Amerika
Das neue Gesicht der amerikanischen Stadt
Kunst am Bau
Religiöse Volkskunst aus New Mexico

1957

Europäische und amerikanische Serigraphie, Kunst im Siebdruck
Die Indianer Nordamerikas

Vorträge, Rezitationen, Lesungen im Amerika Haus 1948–1957 (in Auszügen)

1948

12.7. Hans Ehard, Bayerischer Ministerpräsident, Rede anlässlich der Eröffnung des Amerika-Hauses: »Der böse Geist ist aus diesen Mauern ausgetrieben«

1949

13.1. Werner Friedmann, Chefredakteur der Süddeutschen Zeitung: »Amerikanische Impressionen«

18.1. Karl Lemke: »Heinrich Mann. Leben und Werk«

1.5. Hans Ehard, Ministerpräsident und Murray D. Van Wagoner, Governor: »Ansprachen zum 1. Mai«

10.11. Thomas Wimmer, Oberbürgermeister: »Aktuelle Probleme der Kommunalpolitik«

13.11. Werner Büdeler: »Das Hale Teleskop vom Mount Palomar«

14.–20.11. T.S. Eliot: »The Idea of a European Society«

22./24.11. Fritz Büchtger: »Neue Musik im Unterricht«

1.12. Hermann Kesten: »Lesung aus eigenen Werken«

1950

11.1. Alice Zuckmayer: »Eine Farm in den grünen Bergen«

12.1. Erich Doflein, Stellvertretender Direktor der Hochschule für Musik Freiburg i. B.: »Theodor W. Adornos Philosophie der Neuen Musik als Quelle für die musikalischen und kulturkritischen Partien des Dr. Faustus von Thomas Mann«

16., 23., 30.1., 6., 13.2. Rudolf Bach: »Amerikanische Dichtung der Gegenwart: Dramen und Roman«

18.1. Gerty Spieß und Josef Menter: »Lesungen aus eigenen Dichtungen«

24.4. Rudolf Bach und Heinrich Stammler: »Der Tod eines Handlungsreisenden« von Arthur Miller

4.5. Wilhelm Gebhardt: »Die Probleme der heutigen Musikerziehung und ihre Lösung« mit Kindergruppen der Übungsschule der Staatlichen Hochschule für Musik

1.6. Robert Neumann: »Lesung aus eigenen Werken«

14.6. J.E. Eckstein und Joseph Müller (Justizminister): »Die Sowjet-Russische Außenpolitik«

27.6. Sybil Moholy-Nagy: »Zeitgenössische Amerikanische Kunstrichtungen«

5.7. Hildegard Brücher: »Erziehungsprobleme in der Neuen Welt«

7.7. Alfred Zehelein: »Zeitgenössische amerikanische Musik«

8.7. Wilhelm Keller: »Das Schulwerk von Carl Orff«

10.7. Wilhelm Sollmann, ehem. Reichsinnenminister: »Will Amerika Deutschlands Aufstieg?«

8.9. Edgar Varèse: »Music, an Art-Science«

1951

15.2. Andre Karquel: »Antoine de Saint Exupery«

17.4. Herbert Hupka: »Recht und Ressentiment«

2.7. Willi Baumeister: »Abstrakte Malerei und das Unbekannte«

17.8. Julius Bab: »Theaterbetrieb in Deutschland und in den USA«

6.9. Ulrich Gertz: »Lionel Feininger, ein Maler des Bauhauses«

7.12. Edith Sampson: »United Nations Program for peace«

1952

21.1. Tilly Wedekind: »Lesung aus Werken von Frank Wedekind«

24.3. Willi Wolfradt: »Die Rolle der modernen Kunst im kulturellen Leben der USA«

7.4. Werner Kubsch: »Nationalparks in Amerika«

9.4. Eloise Habe: »Moderne amerikanische Autoren«

30.4. Luise Rinser: »Lesung aus eigenen Werken«

2.7. Willi Baumeister: »Fläche und Gestaltung«

7.7. Ludwig Marcuse: »Debatten über die amerikanische Jugend«

19.9. Ulrich Gertz: »Alexander Calder«

27.10. Willi Wolfradt: »Die großen Satiriker der amerikanischen Literatur«

21.11. Hans Ehard, Ministerpräsident, und Charles W. Thayer, Generalkonsul: »Blick auf Europa«

10.12. Ludwig Marcuse: »Der moderne Pessimismus – ein Stadium der Reife«

1953

16.1. Thornton Wilder: »Sechs Ratschläge für junge Autoren«

3.2. Fritz René Allemann: »Ein Auslandsjournalist sieht Westdeutschland«

5.2. Dorothy Lee (»einziger weiblicher Bürgermeister in den USA«): »Experiences of a U.S. Woman Mayor«

12.5. Wolfgang Stresemann: »Mein Vater – Der Europäer«

1.6. Eugen Kogon: »Die Integration Europas«

17.6. Edith Ebers: »Amerikanische Nationalparks«

18.6. Hildegard Brücher: »Bleibendes und Vergängliches aus USA«

15.7. Julius Bab: »Das Amerikanische Drama«

18.9. Fritz Büchtger: »Was ist Neue Musik«

6.10. Andre Karquel: »D'un Mariage de Raison à une Union solide«

1954

8.2. Werner Bergengruen: »Lesung unveröffentlichter Prosa und Lyrik«

28.4. Walter Meckauer: »Autorenlesung«

13.9. Thornton N. Wilder: »Sechs Fragen über Amerika und meine Antwort darauf«

4./11.11. Alfred Zehelein: »Drei Jahrhunderte symphonische und Kammermusik in den USA«

1955

4., 11.3. und
18.3. Alfons M. Dauer: »Grundlagen und Entwicklung des Swing«

12.3. Ernst Friedländer: »Der Europa-Gedanke in der Woche der Brüderlichkeit«

1956

16.1. »10 Jahre Amerika-Haus München«, mit Clyde J. Hanna, Direktor des Amerika-Hauses; Wilhelm Högner, Bayerischer Ministerpräsident; Allan Lightner, Generalkonsul der USA in München; Thomas Wimmer, Oberbürgermeister; Hildegard Brücher, MdL und Mitglied des deutschen Beratungskomitees des Amerika-Hauses

28.1. James Conant (Botschafter der USA in Deutschland): »Rückblick und Ausblick – 10 Jahre Amerika-Haus München«

24.7. Charles P. Taft, Bürgermeister von Cincinnati: »Responsible Society«

Bildnachweis

Archiv der Hochschule für Musik und Theater München: *S. 10, 13, 15, 20, 32, 37, 40 oben, 44 oben, 46, 47, 69*
Karl Fiehler (Hrsg.): München baut auf: *S. 29*
Alexander Heilmeyer: Die Kunst im Dritten Reich, Oktober 1938, Ausgabe A: *S. 38, 40 unten, 41, 42*
Hanno-Walter Kruft: Alfred Pringsheim, Hans Thoma, Thomas Mann: *S. 12, 14, 19*
Presse-Foto-Kümmel: *S. 44 unten, 45, 57, 59*
Sammlung Golo Mann: *S. 22*
Klaus Vierneisel (Hrsg.): Der Königsplatz 1812–1988: *S. 55, 56*
Trümmerzeit, Ausstellungskatalog des Stadtmuseums 1984: *S. 62*
10 Jahre Amerika Haus München: *S. 64*

Danksagung

Für ihre Anregungen und weiterführenden Hinweise danke ich vor allem Iris Lauterbach und Ulrike Grammbitter vom Zentralinstitut für Kunstgeschichte, Dirk Heißerer, dem literarischen Spaziergänger und Vorsitzenden des Thomas-Mann-Förderkreises München, sowie Stephan Schmitt und Ulrich Kaiser von der Hochschule für Musik und Theater München.

A. K.